ENZYKLOPÄDIE
DEUTSCHER
GESCHICHTE
BAND 42

ENZYKLOPÄDIE
DEUTSCHER
GESCHICHTE
BAND 42

HERAUSGEGEBEN VON
LOTHAR GALL

IN VERBINDUNG MIT
PETER BLICKLE,
ELISABETH FEHRENBACH,
JOHANNES FRIED,
KLAUS HILDEBRAND,
KARL HEINRICH KAUFHOLD,
HORST MÖLLER,
OTTO GERHARD OEXLE,
KLAUS TENFELDE

DAS REICH
IN DER
FRÜHEN NEUZEIT

VON

HELMUT NEUHAUS

R. OLDENBOURG VERLAG
MÜNCHEN 1997

Die Deutsche Bibliothek – CIP-Einheitsaufnahme

Enzyklopädie deutscher Geschichte / hrsg. von Lothar Gall in
Verbindung mit Peter Blickle … – München : Oldenbourg.

ISBN 3-486-53691-5
NE: Gall, Lothar [Hrsg.]

Bd. 42. Neuhaus, Helmut: Das Reich in der frühen Neuzeit. –
1997

Neuhaus, Helmut:
Das Reich in der frühen Neuzeit / von Helmut Neuhaus. –
München : Oldenbourg, 1997
(Enzyklopädie deutscher Geschichte ; Bd. 42)
ISBN 3-486-55860-9 kart.
ISBN 3-486-55861-7 Gewebe

Umschlaggestaltung: Dieter Vollendorf, München

Gesamtherstellung: R. Oldenbourg Graphische Betriebe GmbH, München

ISBN 3-486-55861-7 geb.
ISBN 3-486-55860-9 brosch.

Vorwort

Die „Enzyklopädie deutscher Geschichte" soll für die Benutzer – Fach-
historiker, Studenten, Geschichtslehrer, Vertreter benachbarter Diszi-
plinen und interessierte Laien – ein Arbeitsinstrument sein, mit dessen
Hilfe sie sich rasch und zuverlässig über den gegenwärtigen Stand unserer Kenntnisse und der Forschung in den verschiedenen Bereichen
der deutschen Geschichte informieren können.
Geschichte wird dabei in einem umfassenden Sinne verstanden: Der
Geschichte in der Gesellschaft, der Wirtschaft, des Staates in seinen inneren und äußeren Verhältnissen wird ebenso ein großes Gewicht bei-
gemessen wie der Geschichte der Religion und der Kirche, der Kultur,
der Lebenswelten und der Mentalitäten.
Dieses umfassende Verständnis von Geschichte muß immer wieder
Prozesse und Tendenzen einbeziehen, die säkularer Natur sind, natio-
nale und einzelstaatliche Grenzen übergreifen. Ihm entspricht eine eher
pragmatische Bestimmung des Begriffs „deutsche Geschichte". Sie orientiert sich sehr bewußt an der jeweiligen zeitgenössischen Auffassung
und Definition des Begriffs und sucht ihn von daher zugleich von pro-
grammatischen Rückprojektionen zu entlasten, die seine Verwendung
in den letzten anderthalb Jahrhunderten immer wieder begleiteten. Was
damit an Unschärfen und Problemen, vor allem hinsichtlich des dia-
chronen Vergleichs, verbunden ist, steht in keinem Verhältnis zu den
Schwierigkeiten, die sich bei dem Versuch einer zeitübergreifenden
Festlegung ergäben, die stets nur mehr oder weniger willkürlicher Art
sein könnte. Das heißt freilich nicht, daß der Begriff „deutsche Geschichte" unreflektiert gebraucht werden kann. Eine der Aufgaben der
einzelnen Bände ist es vielmehr, den Bereich der Darstellung auch geographisch jeweils genau zu bestimmen.
Das Gesamtwerk wird am Ende rund hundert Bände umfassen. Sie folgen alle einem gleichen Gliederungsschema und sind mit Blick auf die
Konzeption der Reihe und die Bedürfnisse des Benutzers in ihrem Umfang jeweils streng begrenzt. Das zwingt vor allem im darstellenden
Teil, der den heutigen Stand unserer Kenntnisse auf knappstem Raum
zusammenfaßt – ihm schließen sich die Darlegung und Erörterung der
Forschungssituation und eine entsprechend gegliederte Auswahlbiblio-

graphie an –, zu starker Konzentration und zur Beschränkung auf die zentralen Vorgänge und Entwicklungen. Besonderes Gewicht ist daneben, unter Betonung des systematischen Zusammenhangs, auf die Abstimmung der einzelnen Bände untereinander, in sachlicher Hinsicht, aber auch im Hinblick auf die übergreifenden Fragestellungen, gelegt worden. Aus dem Gesamtwerk lassen sich so auch immer einzelne, den jeweiligen Benutzer besonders interessierende Serien zusammenstellen. Ungeachtet dessen aber bildet jeder Band eine in sich abgeschlossene Einheit – unter der persönlichen Verantwortung des Autors und in völliger Eigenständigkeit gegenüber den benachbarten und verwandten Bänden, auch was den Zeitpunkt des Erscheinens angeht.

Lothar Gall

Inhalt

Vorwort des Verfassers

Das frühneuzeitliche Heilige Römische Reich Deutscher Nation ist seit fast vierzig Jahren zu einem bevorzugten Gegenstand neuhistorischer Forschung in Deutschland geworden. Ganz offensichtlich bedurfte es erst der gründlichen Diskreditierung des deutschen National-, Macht- und Anstaltsstaates in den Jahren von 1933 bis 1945, um den Blick für die bis dahin nicht gesehenen Vorzüge der jahrhundertealten dezentralen Strukturen des Alten Reiches zu öffnen und das Verständnis für sie zu wecken. Im Zuge der nach dem Zweiten Weltkrieg einsetzenden Wiederbelebung des Europa-Gedankens mit dem Ziel der Bildung einer föderativen Staatengemeinschaft und unter dem Eindruck der dann sukzessive voranschreitenden – zunächst wirtschaftlichen – Einigung westeuropäischer Staaten gewann das Heilige Römische Reich Deutscher Nation zunehmend an Interesse, gerade auch die Geschichte seiner höchst komplizierten grundgesetzlichen Verfaßtheit, seiner verfassungsmäßigen Ordnung.

Vorliegender Band konzentriert sich auf die Reichsverfassungsgeschichte vom späten 15. bis zum frühen 19. Jahrhundert. Er ist geleitet von der Erkenntnis, daß das frühneuzeitliche Heilige Römische Reich Deutscher Nation, für das es nie eine Staatsverfassung im modernen Sinne gegeben hat, aus der lange vorherrschenden Sicht des spätneuzeitlichen National-, Macht- und Anstaltsstaates nicht adäquat verstanden werden kann. Daß er sich mit den beiden anderen Bänden, die im Rahmen der „Enzyklopädie deutscher Geschichte" dem Reich der Frühen Neuzeit gewidmet sind – dem von Alfred Kohler über „Das Reich im Kampf um die Hegemonie in Europa 1521–1648" und dem von Heinz Duchhardt über „Altes Reich und europäische Staatenwelt 1648–1806" –, mehr als einmal berührt, ist gewollt und versteht sich fast von selbst. Berührungspunkte aber gibt es auch mit anderen Bänden, z. B. dem von Karl-Friedrich Krieger über „König, Reich und Reichsreform im Spätmittelalter" oder dem von Rudolf Endres über „Adel in der Frühen Neuzeit". So erfüllt der hier vorgelegte Band im Kontext der frühneuzeitlichen Reichsgeschichte vielleicht in besonderer Weise die Funktion eines Bindegliedes innerhalb des frei zusammenstellbaren Handbuchs „Enzyklopädie deutscher Geschichte".

Das Manuskript wurde im Sommer 1995 abgeschlossen; seither erschienene Literatur konnte nur noch in Ausnahmefällen berücksichtigt werden. Das Buch wird – gegenüber den ursprünglichen Planungen – mit einiger Verspätung publiziert. Dafür ist natürlich in erster Linie der Verfasser verantwortlich. Neben den vielfältigen Aufgaben in Lehre und Forschung waren es vor allem die äußerst arbeitsintensiven und zeitaufwendigen Verpflichtungen in der universitären Selbstverwaltung innerhalb und – zwischen 1991 und 1994 – außerhalb Erlangens, die die Fertigstellung des Manuskriptes immer wieder verzögerten. So habe ich an erster Stelle Herrn Univ.-Prof. Dr. Horst Möller, München, dem Betreuer des Bandes aus dem Herausgeberkollegium der „Enzyklopädie deutscher Geschichte", dann aber auch Herrn Univ.-Prof. Dr. Lothar Gall, Frankfurt a. M., als Herausgeber des Gesamtunternehmens für lange geübte Geduld und Nachsicht zu danken; Herrn Kollegen Möller danke ich zugleich für stetige Ermunterung und höchst aufmerksame Lektüre des Manuskriptes, die der Endfassung zugute gekommen ist.

In meinen Dank schließe ich sodann die Mitarbeiter an meinem Erlanger Lehrstuhl ein, die mich über die Jahre hinweg bei Literaturrecherchen und mit zahlreichen anderen Hilfestellungen immer wieder unterstützt haben. Frau Maria Galas hat in bewährter Weise das Typoskript erstellt, wofür ich ihr auch an dieser Stelle herzlich danken möchte. Und nicht zuletzt gilt mein Dank Herrn Dr. Adolph Dieckmann für die sorgfältige Lektorierung sowie Frau Gabriele Jaroschka vom R. Oldenbourg Verlag für die reibungslose verlegerische Betreuung. Am Ende aber darf auch meine Frau nicht unerwähnt bleiben, die das Entstehen dieses Buches einmal mehr mit großer Geduld, konstruktiver Kritik und viel Verständnis bis in die Korrekturvorgänge hinein begleitet hat. Ihr dafür wie für viele hingenommene Entbehrungen hier zu danken, ist mir ein Herzensanliegen.

Erlangen, 24. November 1996   Helmut Neuhaus

I. Enzyklopädischer Überblick

A. Das frühneuzeitliche Heilige Römische Reich Deutscher Nation

Im Frühjahr 1811, ein halbes Jahrzehnt nach dem Ende des Heiligen Römischen Reiches Deutscher Nation, erinnerte sich Johann Wolfgang von Goethe in seiner Autobiographie „Dichtung und Wahrheit" an die Wahl und Krönung Josephs II. im Frühjahr 1764: „Einerseits hatte ich an diesen Dingen manche Lust: weil alles was vorging, es mochte sein, von welcher Art es wollte, doch immer eine gewisse Deutung verbarg, irgendein innres Verhältnis anzeigte, und solche symbolische Zeremonien das durch so viele Pergamente, Papiere und Bücher beinah verschüttete Deutsche Reich wieder für einen Augenblick lebendig darstellten; andererseits" – fuhr der 62jährige Goethe, geboren und aufgewachsen in der Reichsstadt Frankfurt am Main, ehemaliger Rechtspraktikant am Reichskammergericht in Wetzlar und Minister eines kleinen Reichsfürsten in Weimar fort – „andererseits aber konnte ich mir ein geheimes Mißfallen nicht verbergen, wenn ich nun zu Hause die innern Verhandlungen zum Behuf meines Vaters abschreiben und dabei bemerken mußte, daß hier mehrere Gewalten einander gegenüber standen, die sich das Gleichgewicht hielten, und nur insofern einig waren, als sie den neuen Regenten noch mehr als den alten zu beschränken gedachten; daß jedermann sich nur insofern seines Einflusses freute, als er seine Privilegien zu erhalten und zu erweitern, und seine Unabhängigkeit mehr zu sichern hoffte."

Auf sehr bemerkenswerte Weise hat Goethe in seinem bedeutendsten Fragment zur Geschichte des frühneuzeitlichen Heiligen Römischen Reiches Wesentliches über dieses Reich ausgesagt: Es war durch ein Gegenüber von Kaiser und sehr verschiedenen Reichsständen gekennzeichnet, die nicht nur in einem je eigenen Verhältnis zum Reichsoberhaupt standen, sondern auch unter sich in vielfältigen Beziehun-

Kaiser und Reich

gen. Dem (singulären) Kaiser war eine Pluralität von Reichsständen zugeordnet, und zwar sowohl durch ein konjunktives Neben- und Untereinander als auch durch ein adversatives Gegeneinander.

Diese Grundkonstellation eines Nebeneinanders und Gegenübers von „majestas personalis" des Kaisers und „majestas realis" des Reiches, deren ganze Kompliziertheit sich hinter der im Mittelalter entstandenen und inhaltlich immer wieder veränderten Formel „Kaiser und Reich" verbirgt, hatte sich bis zum Ende des 15. Jahrhunderts verfestigt. Seit seinem letzten Drittel „verfolgten [die führenden politischen Kräfte] eigene Interessen, die sich angesichts überall ablaufender Verdichtungsvorgänge immer mehr gegeneinander stellten, statt wie bisher vielfach nebeneinander Platz zu finden" (P. Moraw), das Reich begann, sich „im ständischen Sinne [zu] konkretisier[en]" (E. Schubert). Deutlich zum Ausdruck kommt der Beginn dieser Entwicklung in grundlegenden Beschlüssen des Jahres 1495, wie sie eine in jener Zeit erstmals „Reichstag" genannte Versammlung von Römischem König und Reichsständen in Worms getroffen hat.

Die Bedeutung des Wormser Reichstages von 1495

Mit einem „Ewigen Landfrieden", der Fehde und eigenmächtige Pfändung zu Unrecht erklärte, wurde 1495 ein neuer, auf das alleinige Gewaltmonopol des Reiches zielender Rechtsrahmen mit Verfassungscharakter geschaffen. Um ihn rechtlich durchzusetzen, wurde das königliche Kammergericht in der Weise zum „Reichskammergericht" reorganisiert, daß vor allem die Reichsstände an der personellen Besetzung teilhatten und daß es einen vom Hof des Königs getrennten festen Sitz in einer Reichsstadt erhielt. Die Vollstreckung der Urteile dieses Reichskammergerichts wie die Wiederaufrichtung des Landfriedens wurden in der „Handhabung [des] Friedens und [des] Rechts" geregelt, in der der aus dem königlichen/kaiserlichen Hoftag entwickelte Reichstag insofern eine zentrale Aufgabe erhielt, als nur er eine Exekution beschließen konnte, ohne allerdings auf ständig verfügbare Exekutionsinstrumente zurückgreifen zu können. Die finanziellen Voraussetzungen zur Erfüllung von Reichsaufgaben wie die Durchführung von Exekutionen und die Unterhaltung des Reichskammergerichts sollte mit der Einführung des „Gemeinen Pfennigs" eine allgemeine Reichssteuer erfüllen, die als kombinierte Kopf- und Vermögenssteuer auf zunächst vier Jahre beschlossen wurde, ohne daß für ihre Einziehung ein Verwaltungsapparat zur Verfügung gestanden hätte.

Die Beschlüsse des Wormser Reichstags aus dem Jahre 1495 sind durch beginnende Verrechtlichung, Institutionalisierung und Intensivierung staatlichen Handelns gekennzeichnet, und sie beruhen auf dem über Kompromisse herbeigeführten Konsens zwischen König und

Reichsständen. Sie markieren bei aller Kontinuität zur vorhergehenden Zeit eine tiefgreifende Veränderung der Struktur der Reichsverfassung und leiten eine Neuordnung des Verhältnisses zwischen König/Kaiser und Reichsständen ein, die zu einer Umverteilung nicht nur der verfassungspolitischen Gewichte führte.

Mit dem Jahr 1495 beginnt die Geschichte des frühneuzeitlichen Heiligen Römischen Reiches; sie erstreckt sich über ziemlich genau drei Jahrhunderte. Diese sind einerseits wesentlich geprägt von einem ununterbrochenen Kampf zwischen Kaiser und Reichsständen um eine monarchisch-zentralistische oder eine ständisch-föderalistische Ausprägung der Reichsverfassung, andererseits von der Tatsache, daß das Reich als Ganzes nur auf der Grundlage des Konsenses zwischen Kaiser und Reichsständen handlungsfähig war. Die Ergebnisse von Kampf und Konsens konkretisieren sich im auf Zeit oder auf Dauer erreichten institutionellen Ausbau des Reiches sowie in den auf Zeit oder auf Dauer festgeschriebenen grundgesetzlichen Regelungen auf den Gebieten der Landfriedens- und Kriegsverfassung, der Gerichts- und der Finanzverfassung. Sie sind Ausdruck der jeweiligen politischen Gewichtsverteilung zwischen Kaiser und Reichsständen, aber auch der Reichsstände untereinander. Sie sind Produkte von Reformbestrebungen, die von Kaiser und Reichsständen zu verschiedenen Zeiten mit unterschiedlichen Zielsetzungen und unterschiedlicher Intensität verfolgt wurden, ohne daß sie eine bestimmte Epoche der Frühen Neuzeit besonders prägten, worin zugleich die epochale Einheit der Geschichte der frühneuzeitlichen Reichsverfassung besteht. Ihr Ende markiert nach einem langwierigen Prozeß der allmählichen Selbstauflösung des Heiligen Römischen Reiches die Niederlegung der Kaiserkrone durch Franz II. am 6. August 1806, mit der die Reichsstände ihr Gegenüber und ihren für ihre Legitimation notwendigen Bezugspunkt verloren.

Das frühneuzeitliche Reich: 1495–1806

Diese Legitimation gründete in der weit ins Mittelalter zurückweisenden und bis zum Beginn des 19. Jahrhunderts bedeutsamen lehnrechtlichen Bindung der Reichsstände an den Römischen König/Kaiser. Die Zugehörigkeit zum Heiligen Römischen Reich als Lehensverband beschrieb zugleich den Raum dieses Reiches. Seine Grenzen waren allerdings nicht im modernen Sinne aufgrund von trigonometrischen Vermessungen und topographischen Geländeaufnahmen in einem genau feststellbaren linearen Verlauf zur Unterscheidung souveräner Herrschaftsgebiete festgelegt. Sie ergaben sich vielmehr nur vage und unscharf konturiert aus dem Rechtsgeltungsgebiet des lehnrechtlich definierten Personenverbandes „Reich", dessen Umfang und Mit-

Die Grenzen des Reiches

gliedschaften aber vielfach nicht eindeutig waren und dem es als Ganzem an territorialer Geschlossenheit wie an einheitlicher Herrschaftsgewalt mangelte.

Am klarsten war der Verlauf der Reichsgrenze an der Wende vom 15. zum 16. Jahrhundert im Norden entlang der Nord- und Ostseeküste und dem Flußlauf der Eider, die die Herzogtümer Holstein, das zum Reich gehörte, und Schleswig, das dänisches Lehen war, trennte. Im Osten gehörten Pommern und Brandenburg – aber nicht die Gebiete des Deutschen Ordens in Preußen und Livland – zum Heiligen Römischen Reich, ferner Schlesien und Mähren als Teile des Königreichs Böhmen, das zugleich Kurfürstentum war, sowie Österreich unter der Enns und Steiermark als Teile des Erzherzogtums Österreich. Im Südosten stieß das Reich mit dem ebenfalls zu Österreich gehörenden Herzogtum Krain und der Grafschaft Görz an die Adria und hatte weiter westlich entlang dem Fuß der Alpen die Grenze gemeinsam mit der Republik Venedig. Über die westliche Po-Ebene reichte es mit seinen italienischen Reichslehen entlang der Küsten des Ligurischen und Tyrrhenischen Meeres unter Einschluß der Toskana bis weit auf die Apenninen-Halbinsel, ostwärts an den Kirchenstaat grenzend. Vom Herzogtum Savoyen aus, das an französische Provence und Dauphiné grenzte, verlief die Reichsgrenze im Westen grob entlang einer von Saône und Oberlauf der Maas gebildeten Linie und schloß die Freigrafschaft Burgund sowie die Herzogtümer Lothringen und Luxemburg ein. Vom Artois und von Flandern bis nach Friesland bildeten Kanal- und Nordseeküste die Grenze im Nordwesten des Reiches.

Veränderungen des Raumes

Bis zur Wende vom 18. zum 19. Jahrhundert hat dieser geographische Raum des Heiligen Römischen Reiches vielfältige Veränderungen erfahren, Verluste und Wiedererwerbungen, die hier nicht im einzelnen zu verfolgen sind. Sie betrafen fast ausschließlich die Süd- und Westgrenze: Das endgültige Ausscheiden der Schweizer Eidgenossenschaft, der 13 Provinzen der nördlichen Niederlande sowie der Hochstifte und Reichsstädte Metz, Toul und Verdun aus dem Reichsverband im Westfälischen Frieden von 1648 trug den Entwicklungen seit Beginn des 16. Jahrhunderts Rechnung. Die Verluste der Freigrafschaft Burgund und Lothringens und damit die Festschreibung des Oberrheins als Westgrenze des Reiches waren Ergebnisse der kriegerischen Auseinandersetzung mit Frankreich in der zweiten Hälfte des 17. und ersten Hälfte des 18. Jahrhunderts, in deren Verlauf 1680/81 auch das Hochstift und die Reichsstadt Straßburg verlorengingen. Im Süden ließen sich die Ansprüche auf die oberitalienischen Reichslehen während der gesamten Frühen Neuzeit nur sporadisch revitalisieren. Savoyen schied zwar erst 1801 formal aus dem Reichsverband aus, aber seine Zugehörigkeit hatte sich längst gelockert.

Auch wenn das Heilige Römische Reich unter dem Einfluß der Humanisten seit dem letzten Drittel des 15. Jahrhunderts in den Quellen in mehreren Varianten als Reich „deutscher Nation" begegnet und es erstmals offiziell in der Präambel des Abschieds des Kölner Reichstages von 1512 so genannt wird, zu dem Kaiser Maximilian I. die Reichsstände u. a. zwecks „Erhaltung [...] des Heiligen Römischen Reichs Teutscher Nation" geladen hatte, so geschah dies im Zuge verbreiteter nationalstaatlicher Tendenzen in Europa, aber hatte nicht die Entwicklung des Reiches zu einem Nationalstaat zur Folge. Innerhalb seiner Grenzen wurde zwar hauptsächlich Deutsch gesprochen, aber auch Dänisch, Sorbisch und Wendisch, Tschechisch und Slowenisch, Ladinisch, Rätoromanisch und Italienisch, Französisch, Niederländisch und Friesisch. Und umgekehrt war Deutsch in den Nachbarstaaten und darüber hinaus vor allem in Ostmittel- und Südosteuropa eine verbreitete Sprache, bedingt nicht zuletzt durch die zentrale Lage des Reiches in Europa.

Das Heilige Römische Reich Deutscher Nation war kein Deutsches Reich im nationalstaatlichen Sinne, sondern ein übernationaler Personenverband mit starker europäischer Einbindung. Nicht zuletzt die großen Dynastien verdeutlichen diese enge Verflechtung des Reiches und vor allem seiner Territorien, denn die Habsburger als Erzherzöge von Österreich und Könige und Kurfürsten von Böhmen waren seit dem frühen 16. Jahrhundert zugleich Könige von Ungarn, die Hohenzollern als Markgrafen und Kurfürsten von Brandenburg seit dem 17. Jahrhundert erst Herzöge von und dann Könige in Preußen, die Wettiner als Herzöge und Kurfürsten von Sachsen im 17./18. Jahrhundert auch Könige von Polen, die Welfen als Herzöge von Braunschweig-Lüneburg und Kurfürsten von Hannover seit dem Beginn des 18. Jahrhunderts auch Könige von Großbritannien und Irland. Aber auch viele kleinere reichsständische Adelsfamilien dokumentierten mit ihren grenzüberschreitenden Beziehungen diesen Befund.

Marginalien:

„Teutscher Nation"

Übernationaler Personenverband

B. Kaiser und Reich in der Frühen Neuzeit

1. Der Römische König und Kaiser

1.1. Grundlagen und allgemeine Entwicklung

Als Franz II. am 6. August 1806 in seiner Eigenschaft als „von Gottes Gnaden erwählter römischer Kaiser" erklärte, „das Band, welches Uns bis jetzt an den Staatskörper des deutschen Reichs gebunden hat, als gelöst an[zu]sehen [...] und die von wegen desselben bis jetzt getragene Kaiserkrone und geführte kaiserliche Regierung [...] nieder[zu]legen", da dankte der letzte Kaiser einer fast tausendjährigen Geschichte ab, die maßgeblich vom Mittelalter geprägt war, von den Auseinandersetzungen zwischen Kaiser und Papst zumal. In dem Maße, in dem diese an Bedeutung verloren, in dem Maße gewann die Gestaltung des Verhältnisses des Kaisers zum Reich an Gewicht, ein Prozeß, der für die Frühe Neuzeit an der Wende vom 15. zum 16. Jahrhundert entschieden wurde. In den Herrscherjahren Maximilians I. und Karls V. kam eine von Säkularisierung und Entsakralisierung bestimmte Entwicklung zum Abschluß, mit der ein zwar noch in mittelalterlichen Traditionen eingebettetes, aber doch wesentlich verändertes neuzeitlich-rationales Kaisertum entstanden war.

Goldene Bulle von 1356   Hauptverantwortlich dafür war die Goldene Bulle Kaiser Karls IV. aus dem Jahre 1356, die zum „Kernstück der Reichsverfassung" (P. MORAW) werden sollte. Mit ihr als erstem und wichtigstem Reichsgrundgesetz wurde die Königswahlordnung des Heiligen Römischen Reiches verbindlich festgelegt, die bis 1806 fast unverändert gültig blieb und aufgrund ihrer Eindeutigkeit eine große und stabilisierende Wirkung für das Reichsgefüge hatte. Sie rückte – abgesehen von den Kurfürsten als Wählern – den Römischen König ins Zentrum, nicht den Römischen Kaiser, zu dessen Erhebung es des Papstes bedurfte, und lockerte damit die für das Mittelalter so entscheidende enge Verbindung von Römischem König- und Kaisertum. Zwar ist in der Goldenen Bulle auch noch die Rede davon, „einen gerechten, redlichen und tüchtigen Mann zum römischen König und künftigen Kaiser zu wählen zum Heil der Christenheit", zwar wird vom „Kaiser oder römischen König" gesprochen, aber der Mitwirkung und Bestätigung des Papstes bedurfte es in keiner Form: Allein durch die Wahl erwarb der Gewählte sofort die uneingeschränkte Königs- und Kaisergewalt, und unmittelbar nach ihrem Vollzug hatte er,

„bevor er in irgendwelchen andern Angelegenheiten oder Geschäften aus Vollmacht des heiligen Reichs seine Tätigkeit beginnt", den Wählern „alle ihre Privilegien, Briefe, Rechte, Freiheiten und Vergünstigungen, alten Gewohnheiten und auch Würden" zu bestätigen. Dahinter trat die Königskrönung zurück und erst recht die Krönung des Römischen Königs durch den Papst zum Römischen Kaiser, an der aber als anzustrebendem Ziel festgehalten wurde. Daß die Römischen Könige von der Mitte des 14. Jahrhunderts an ihre Herrscherzeit vom Wahltag und nicht vom Krönungstag an zählten, unterstreicht den konstitutiven Charakter des Wahlaktes.

Die Entwicklung des Römischen Königs- und Kaiseramtes zu einem säkularen und weitgehend entsakralisierten obersten Amt im Heiligen Römischen Reich drückt sich in der im 16. Jahrhundert erfolgten Zusammenlegung von Wahlort und Krönungsort aus. Fanden die Königskrönungen bis zu der Ferdinands I. im Jahre 1531 gemäß der reichsrechtlichen Festlegung in der Goldenen Bulle in Aachen statt und behielten sie dadurch ihr lokal hervorgehobenes Eigengewicht, so verloren sie dies, als seit Maximilian II., also vom Jahre 1562 an – von einigen Ausnahmen abgesehen – in Frankfurt gekrönt wurde, dem seit 1356 reichsgrundgesetzlich bestimmten Wahlort. Indem sie ein bis drei Wochen nach der Wahlhandlung stattfanden – nur nach der Wahl Karls VI. 1711 dauerte es zehn Wochen –, wurden sie zu deren Anhängsel. Den Krönungen, die 1575 (Rudolf II.), 1636 (Ferdinand III.) und 1690 (Joseph I.) in Regensburg und Augsburg stattfanden, waren die Wahlen am gleichen Ort vorausgegangen; lediglich 1653 (Ferdinand IV.) fanden Wahl und Krönung an verschiedenen Orten statt, innerhalb von knapp drei Wochen in Augsburg und Regensburg.

Was die Kaiserkrönung durch den Papst betraf, so wurde sie ganz im Sinne des mit der Wahl zum Römischen König erworbenen Anspruchs auf die Kaiserkrone auch von den Nachfolgern Kaiser Karls IV. angestrebt, aber nur noch von Sigismund 1433 und Friedrich III. 1452 in Rom erreicht. Die letzte von einem Papst vorgenommene Kaiserkrönung überhaupt war die Karls V. durch Clemens VII. am 24. Februar 1530 in Bologna, die der Habsburger in Verfolgung seiner Konzeption der Errichtung einer Universalmonarchie durchgesetzt hatte. Aber bereits zu Beginn des 16. Jahrhunderts war die päpstliche Mitwirkung bei der Kaisererhebung staatsrechtlich entbehrlich geworden, als Maximilian I. am 4. Februar 1508 im Dom zu Trient in einer feierlichen Zeremonie erklärte, in Zukunft den Kaisertitel auch ohne Rom-Fahrt und päpstliche Krönung führen zu wollen. Die außenpolitische Situation in Oberitalien hatte alle seine Bemühungen zum Scheitern verurteilt, ganz

Wahl- und Krönungsort

Kaiserkrönung und Annahme des Kaisertitels

im Sinne der mittelalterlichen Tradition, persönlich nach Rom zu rei-
sen, um dort vom Papst zum Kaiser gekrönt zu werden. Fortan wollte er
„Erwählter Römischer Kaiser" genannt werden und nannte sich selbst
so in seinen Urkunden, hielt aber auch weiterhin an seinem Anspruch
auf Krönung zum Kaiser fest und anerkannte das Recht des Papstes auf
ihre Durchführung. Julius II. bestätigte Maximilian I. den aus seiner
Sicht inhaltsleeren Titel und reklamierte zugleich den kaiserlichen
Schutz für die römische Kirche.

König/Kaiser und Papst   Wie sehr das frühneuzeitliche Kaisertum den Einflußmöglichkei-
ten des Papstes entzogen war, bestätigen schließlich die Vorgänge beim
Übergang der Herrschaft von Karl V. auf Ferdinand I. Nach der Abdankung Karls, mit der er 1558 „das Heil[ige] Reich und Römisch Kaiser-
thum" seinem bereits 1531 zum Römischen König gewählten Bruder
überließ, blieben Papst Paul IV. nur der Protest gegen die Resignation
des Kaisers ohne Information und Beteiligung des Papstes daran sowie
die Weigerung, Ferdinand I. als Erwählten Römischen Kaiser anzuer-
kennen, weil er an dessen Erhebung ebenfalls nicht mitgewirkt habe.
Auch wenn hier der mittelalterliche Streit um die Stellung von Papst
und Kaiser noch einmal aufblitzte, so blieb er in der Mitte des 16. Jahrhunderts doch ohne Konsequenzen. Ganz im Sinne der mit der Goldenen Bulle Karls IV. eingeleiteten Entwicklung gingen allein die Kurfürsten gestärkt aus den Vorgängen hervor, wenn sie sicherstellten, daß das
Kaisertum Ferdinands I. „nit vigore resignationem, sonder von churfur-
sten her keme". Königs- und Kaisertitel gingen am 14. März 1558 in einer singulären Zeremonie im Dom zu Frankfurt am Main, die lediglich
Elemente von Wahl und Krönung eines Römischen Königs enthielt, in-
einander über und gewannen ihren spezifisch frühneuzeitlichen Charakter von entschieden säkularer und rationaler Qualität. Die Beziehungen zum Papst wurden formalisiert, indem in Zukunft einerseits jeder
neugewählte Römische König und Kaiser dem Papst seine Wahl durch
eine Obödienzgesandtschaft anzeigen ließ, ohne allerdings um Appro-
bation oder Konfirmation nachzusuchen, andererseits die päpstliche
Kurie an ihrer Auffassung vom Verhältnis zwischen Kaiser und Papst
festhielt und jeweils eine Konfirmationsbulle ausfertigte, die sie allerdings nicht mehr zustellte, sondern sogleich im päpstlichen Archiv hin-
terlegte.

1.2. Das Reich als Wahlmonarchie

Wahlreich Das frühneuzeitliche Heilige Römische Reich Deutscher Nation war
eine Wahlmonarchie und behauptete sich als solche – neben den geist-

lichen Reichsterritorien und dem Kirchenstaat – singulär in Europa bis zu seinem Untergang im Jahre 1806. Die Grundlage für diesen Verfassungscharakter als Wahlreich bildete die Goldene Bulle Kaiser Karls IV. von 1356, die erstmalig und endgültig auf der Basis der bis dahin beachteten Rechtsgewohnheiten die Wahl des Römischen Königs regelte. Nach dieser Königswahlordnung waren sieben Fürsten des Reiches, die hier erstmals in reichsrechtlich verbindlicher Weise als Kurfürsten benannt wurden, allein zur Wahl eines Römischen Königs berechtigt. Es waren dies die Erzbischöfe von Mainz, Köln und Trier, der König von Böhmen, der Pfalzgraf bei Rhein, der Herzog von Sachsen und der Markgraf von Brandenburg. Ihre auf sieben Kurfürsten begrenzte Anzahl wurde dadurch gesichert, daß für die Kurlande die Unteilbarkeit und zusätzlich für die Familien der weltlichen Kurfürsten die Primogenitur-Erbfolge festgeschrieben wurden. Damit konnte es in Zukunft keine Doppelwahlen mehr geben.

Innerhalb eines Monats nach erhaltener Information über den Tod des regierenden Kaisers und/oder Römischen Königs mußte der Erzbischof von Mainz als Reichserzkanzler alle Kurfürsten über den Todesfall informieren und sie zur Wahl eines Nachfolgers nach Frankfurt einladen, die innerhalb eines Vierteljahres stattfinden sollte. Die Wahlhandlung in St. Bartholomäus, die ebenfalls der Kurfürst von Mainz leitete, sollte binnen dreißig Tagen abgeschlossen sein, aber keinesfalls beendet werden, bevor ein neuer Römischer König und künftiger Kaiser feststand. Gewählt wurde nach dem Mehrheitsprinzip, d.h. das übereinstimmende Votum von vier Kurfürsten bzw. ihrer bevollmächtigten Gesandten reichte für die rechtskräftige Wahl, die dann als ohne Gegenstimmen vollzogen betrachtet werden mußte. Aufgrund des Mehrheitsprinzips war es möglich, daß vier Kurfürsten einen Römischen König wählen konnten, sofern sie sich auf eine Person einigten. Ausdrücklich zugelassen war die Selbstwahl eines Kurfürsten, denn wenn von nur vier anwesenden drei ihren vierten Kollegen wählten und dieser sich selbst, dann galt er als rechtmäßig gewählt. Das Ergebnis wurde mittels Umfrage durch den Kurfürsten von Mainz ermittelt, der in festgelegter Reihenfolge seine Mitkurfürsten von Trier, Köln, Böhmen, der Pfalz, Sachsen und Brandenburg um ihr Votum bat und selbst auf deren Befragen als letzter abstimmte. Damit konnte er den Ausschlag geben, sofern vorher noch keine Mehrheit erreicht worden war.

Nach den Vorschriften der Goldenen Bulle von 1356 sind in der Frühen Neuzeit insgesamt 16 Römische Könige gewählt worden, von Karl V. im Jahre 1519 bis zu Franz II. 1792. Aber nicht alle sind am Ende eines vom Tod des Vorgängers ausgelösten Interregnums durch die Wahl der

Kurfürsten erhoben worden, denn in sieben Fällen erfolgte sie zu Lebzeiten des regierenden Kaisers („vivente imperatore") und Römischen Königs: Ferdinand I. wurde 1531, mehr als ein Vierteljahrhundert vor Abdankung und Ableben seines Bruders Karls V., zum Römischen König gewählt, Maximilian II. 1562 zu Lebzeiten seines Vaters Ferdinand I., Rudolf II. 1575 wenige Monate vor dem Tod seines Vaters Maximilian II., ebenso Ferdinand III. 1636 vor dem seines Vaters Ferdinand II.; Ferdinand IV. wurde 1653 zu Lebzeiten seines Vaters Ferdinand III. gewählt, starb aber noch vor ihm ein Jahr später; Joseph I. wurde als Minderjähriger 1690 Römischer König zu Lebzeiten seines Vaters Leopold I. und als letzter Joseph II. 1764 ein gutes Jahr vor dem plötzlichen Tod seines Vaters Franz I.

Die Goldene Bulle schwieg zu der Möglichkeit, bereits zu Lebzeiten eines Römischen Königs und Kaisers seinen Nachfolger zu wählen, schloß sie also nicht expressis verbis aus, sondern nannte neben dem Tod des Amtsinhabers auch andere nicht näher bestimmte Notwendigkeiten und Fälle als Anlässe für eine Wahl sowie triftige Ursachen. Tatsächlich war auch bereits 1376 Wenzel noch zu Lebzeiten seines Vaters Karl IV. zum Römischen König gewählt worden und 1486 Maximilian I. zu Lebzeiten seines Vaters Friedrich III. Die Initiativen zu den Wahlen *vivente imperatore* in der Frühen Neuzeit gingen etwa zu gleichen Teilen von den herrschenden Kaisern und von den Kurfürsten aus und wurden von beiden mit der jeweiligen innen- und außenpolitischen Situation des Reiches (innere Unruhen oder Landfriedensbruch bzw. Türkengefahr oder Bedrohung durch Frankreich) und/oder Gesundheitszustand bzw. Alter des gegenwärtigen Amtsinhabers begründet. Dabei begleiteten die Kaiser ihre Initiativen jeweils mit der Zusicherung, keinen Präzedenzfall schaffen und das freie Wahlrecht der Kurfürsten nicht in Frage stellen und nicht antasten zu wollen, um sich nicht dem Verdacht auszusetzen, über die Sicherung dynastischer Kontinuität die Umwandlung des Heiligen Römischen Reiches in eine Erbmonarchie anzustreben. Erbreichspläne waren bei Karl V. besonders ausgeprägt, der sogar erwogen hatte, neben seinem 1531 gewählten Bruder Ferdinand seinen Sohn Philipp zu einem zweiten Römischen König *vivente imperatore* wählen und krönen zu lassen.

Die Kurfürsten, die von der zweiten Hälfte des 16. Jahrhunderts an – nie geschlossen zwar, aber doch mehrheitlich – Wahlen zu Lebzeiten Römischer Kaiser anstrebten und durchführten, sahen sich dabei in der Ausübung ihres freien Wahlrechts nicht beeinträchtigt, sondern nahmen – zumal in Zeiten schwacher Kaiser – ihre Gesamtverantwortung für das Reich wahr, wenn sie es in bestimmten politischen Situationen nicht den von innerer und äußerer Unsicherheit ausgehenden Gefährdungen und Unberechenbarkeiten eines Interregnums aussetzen wollten. Nach den Erfahrungen mit Rudolf II., der sich über Jahrzehnte geweigert hatte, bereits zu seinen Lebzeiten einen Nachfolger wählen zu lassen, ließen sie sich von der Wahlkapitulation des Matthias aus dem Jahre 1612 an das Recht reichsgrundgesetzlich bestätigen, auch ohne Zustimmung eines regierenden Kaisers bei dessen Lebzeiten einen Römischen König zu wählen, wenn jener eine solche Wahl unbegründet verweigerte, sie diese aber im Interesse des Reiches für notwendig und nützlich hielten. Wie frei sich die Kurfürsten in der Ausübung ihres Wahlrechtes und ihrer Entscheidung, Gebrauch davon zu machen, fühlten, belegen die Umstände bei der Wahl Ferdinands III.: Auf dem Regensburger Kurfürstentag des Jahres 1630 lehnten sie das Ansinnen Kaiser Ferdinands II. ab, seinen Sohn zu seinen Lebzeiten zum Römischen König zu wählen und stellten über alle konfessionellen Gegensätze hinweg die Interessen des Gesamtreiches einem ausgreifenden kaiserlichen, antiständischen Machtanspruch entgegen, der sich 1629 in der Verkündung des Restitutionsediktes ebenso geäußert hatte wie im Festhalten an Wallenstein, der als kaiserlicher Generalissimus reichsständischer Kontrolle entzogen war; aber dieselben Kurfürsten schritten 1636 zu dieser Wahl, nachdem nach Schweden auch Frankreich offen in den Dreißigjährigen Krieg eingetreten war und das Reich in eine äußerst gefährliche Situation gebracht hatte. Das während der Beratungen des Westfälischen Friedens von der französischen Seite verfolgte Ziel eines reichsgrundgesetzlichen Verbotes der Königswahlen *vivente imperatore* wurde ebensowenig realisiert wie die Absicht, nie zwei Könige aus gleichem Hause nacheinander zu wählen. Das Haus Habsburg widersetzte sich dem ebenso wie die Kurfürsten, die darin einen Widerspruch zur Goldenen Bulle und eine Einschränkung ihrer Wahlfreiheit sahen.

Auch wenn bei den sieben *vivente-imperatore*-Wahlen der Frühen Neuzeit in sechs Fällen die jeweils ältesten lebenden Söhne der Vorgänger erfolgreich waren und 1531 mit Ferdinand I. der Bruder Kaiser Karls V. gewählt wurde, so bedeutete dies ebensowenig eine Abkehr des Heiligen Römischen Reiches von der Wahlmonarchie wie die Tatsache, daß aus den übrigen fünf Wahlen bis zu der Karls VI. im Jahre 1711 jeweils Angehörige des Hauses Habsburg als Sieger hervorgingen: 1519 mit Karl V. ein Enkel Maximilians I., 1612 mit Matthias ein Bruder Rudolfs II., 1619 mit Ferdinand II. ein Vetter des Matthias, 1658 mit Leopold I. der zweitälteste Sohn Ferdinands III. nach dem frühen Tod Ferdinands IV. und 1711 mit Karl VI. ein Bruder Josephs I.

Die Behauptung des kurfürstlichen Wahlrechts

Die Kurfürsten behaupteten bei allen diesen Wahlen ihr seit der Goldenen Bulle von 1356 reichsrechtlich verbrieftes freies Wahlrecht und sahen es weder durch die Kandidatur von Angehörigen des herrschenden Hauses nach eingetretenem Todesfall noch durch teilweise von ihnen herbeigeführte *vivente-imperatore*-Wahlen angetastet oder gar eingeschränkt. Auch wenn das Haus Habsburg von der Wahl Albrechts II. 1438 bis zum Tod Karls VI. 1740 über drei Jahrhunderte ununterbrochen die Römischen Könige/Kaiser stellte, verlor das Heilige Römische Reich nicht seinen Charakter als Wahlmonarchie.

Dieser wurde nach dem Aussterben der Habsburger im Mannesstamm vielmehr nachdrücklich bestätigt, als 1742 mit Kurfürst Karl Albrecht von Bayern ein Wittelsbacher zum Römischen König/Kaiser Karl VII. gewählt wurde und 1745 mit dem Großherzog der Toskana, Franz Stephan, ein Mitglied des Hauses Lothringen zum Römischen König/Kaiser Franz I. Mit ihm als Gemahl der Habsburger-Erbin Maria Theresia stellte dann zwar auch das Haus Lothringen-Habsburg die letzten vier Römischen Könige und Kaiser bis hin zu seinem 1806 abdankenden Enkel Franz II., aber auch dadurch wurde das Heilige Römische Reich in seinen letzten sechs Jahrzehnten nicht zu einer Erbmonarchie.

Der Charakter des Heiligen Römischen Reiches Deutscher Nation als wahlmonarchisch wurde zudem von 1519 an bei jeder Wahl eines Römischen Königs formal und inhaltlich betont. Von Karl V. bis zu

Königliche Wahlkapitulation

Franz II. hatte jeder Römische König eine Wahlkapitulation auszufertigen und darin zum einen zuzusagen, das Reich nicht in eine Erbmonarchie verwandeln zu wollen, zum anderen zu bekräftigen, daß den Kurfürsten ihr freies Wahlrecht gemäß der Goldenen Bulle von 1356 stets erhalten bleibe. Mit Karl V. vereinbarten die Kurfürsten erstmals ein solches, erst während des Übergangs der Herrschaft auf Ferdinand I. im Jahre 1558 in der „Unio Electoralis novissima" des Frankfurter Kurvereins „Wahlkapitulation" genannten Dokument. Es hatte Vorbilder in den bischöflichen Wahlkapitulationen der geistlichen Reichsfürstentümer, in denen sich seit dem 13. Jahrhundert die Domkapitel, später auch die weltlichen Landstände ihre Privilegien bestätigen ließen.

Wahlkapitulation als Herrschaftsvertrag

Die königlichen Wahlkapitulationen in der Frühen Neuzeit folgten keiner systemrationalen Konzeption, vielmehr handelte es sich um in Abschnitte („capitula") eingeteilte und aus zahlreichen Artikeln bestehende Urkunden, die die gewählten Römischen Könige den Kurfürsten ausstellten und deren materieller Inhalt vor der Wahl zwischen zu Wählendem und Wählern ausgehandelt wurde. Es waren den Ständestaat charakterisierende Herrschaftsverträge, in denen zur Begrenzung monarchisch-herrscherlicher Macht und Gewalt die Partizipation der korporativ handelnden Stände festgeschrieben wurde. Sie sollten inhaltlich und funktional rechtsichernde und rechtstärkende Tendenzen in einer politischen und gesellschaftlichen Ordnung bekräftigen, für die die Stände – hier die Kurfürsten – eine Gesamtverantwortung hatten oder übernahmen. So mußten die Römischen Könige nicht nur alle Reichsgrundgesetze seit der Goldenen Bulle von 1356 sowie die Privilegien der Reichsstände und die Territorialstruktur des Reiches bestätigen, sondern auch den Reichsständen und vor allem den Kurfürsten weitgehende Mitspracherechte in allen Reichsangelegenheiten einräumen. Dies betraf insbesondere alle Fragen der Außenpolitik, alle Entscheidungen über Krieg und Frieden bzw. Maßnahmen zur Wiederherstellung des Landfriedens, den Abschluß von Bündnissen sowie die Erhebung von Reichssteuern; ohne Zustimmung der Kurfürsten durften sie keinen Reichstag einberufen. Zum Teil in gleichen Worten wie in der Goldenen Bulle wurden die Kurfürsten bevorrechtet und dadurch in ihrer reichsverfassungsrechtlichen Bedeutung gestärkt, etwa durch die Bestätigung ihres Selbstversammlungsrechtes. Insgesamt unterscheiden sich die frühneuzeitlichen Wahlkapitulationen von mittelalterlichen Wahlversprechen der Kandidaten zur Wahl eines Römischen Königs materiell dadurch, daß sie keine persönlichen Vergünstigungen für die Wähler enthielten, sondern daß die Kurfürsten in ihrer Gesamtheit für das Reich als Ganzes handelnd begegnen.

Diese herausgehobene Position der Kurfürsten wurde von den übrigen, vor allem den protestantischen Reichsfürsten vom Westfälischen Frieden an mehr und mehr in Frage gestellt, nachdem sie 1648 erreicht hatten, daß der unerledigt gebliebene Punkt betr. „Errichtung einer bestimmten und beständigen kaiserlichen Wahlkapitulation" ebenso in den Katalog der zurückgestellten und auf dem nächsten Reichstag zu behandelnden Materien („negotia remissa") aufgenommen worden war wie etwa auch der Punkt „Wahl der Römischen Könige" (Art. VIII, § 3, Instrumentum Pacis Osnabrugense [IPO]). Von da an hatten sich die Kurfürsten über mehr als ein halbes Jahrhundert hinweg des fürstlichen Anspruchs zu erwehren, an der Formulierung der Wahlkapitulation sowie an der Errichtung einer Beständigen Wahlkapitulation („Capitulatio Perpetua") beteiligt zu werden.

Zu einer reichsrechtlich verbindlichen *Capitulatio Perpetua* ist es nie gekommen, denn das 30 Artikel und einen Appendix umfassende „Project der gewissen und beständigen Kays. Wahl-Capitulation" vom 8. Juli 1711 [15: K. ZEUMER, 474–497] markiert zwar als gemeinsames Dokument von Kurfürsten und übrigen Reichsfürsten den Schlußpunkt

Plan einer beständigen Wahlkapitulation

ihrer Auseinandersetzungen, wurde aber von keinem Römischen König und Kaiser ratifiziert und dadurch zum Reichsgesetz erhoben. Insgesamt behaupteten die Kurfürsten über verschiedene Zwischenstationen – vor allem 1671 – hinweg ihre in der Goldenen Bulle von 1356 festgeschriebenen exklusiven Rechte; sie bezogen zwar seit der Wahl Ferdinands IV. 1653 reichsständische „Monita" in ihre Beratungen ein, wußten aber eine reichsrechtliche Verankerung der Beteiligung der Reichsfürsten an der Abfassung der Wahlkapitulation zu verhindern. Wie vorher bei jeder Wahl die früheren Wahlkapitulationen ein Muster für die Formulierung des neuen Textes waren, so gewann der Entwurf der *Capitulatio Perpetua* von 1711 einen gewissen Vorbildcharakter, konnte aber nicht das situationsbedingte freie Aushandeln einer jeweils neuen Wahlkapitulation bei den Wahlen des 18. Jahrhunderts entscheidend einschränken oder gar überflüssig machen. Das Heilige Römische Reich Deutscher Nation behielt seine gerade aus dem Charakter der Wahlmonarchie herrührende prinzipielle Offenheit.

1.3. Rechte und Aufgaben des Römischen Königs und Kaisers

Bereits die Kommissare Karls V. hatten bei den Frankfurter Wahlverhandlungen des Jahres 1519 Wert darauf gelegt, daß die Wahlkapitulation nicht als Bedingung für die Erhebung zum Römischen König erschien, und suchten den von den Kurfürsten beabsichtigten untrennbaren Zusammenhang aufzulösen. Dies erreichten sie, indem die Wahlverhandlungen vor der Wahl am 28. Juni 1519 abgeschlossen wurden, die aus ihnen hervorgegangene Wahlkapitulation aber erst am 3. Juli 1519 als Urkunde ausgefertigt, unterzeichnet und beeidet sowie den Kurfürsten ausgehändigt wurde. Damit wurde auch im äußeren Ablauf das zwischen Römischem König und seinen Wählern abgeschlossene vertragliche Rechtsgeschäft in seiner schrittweisen Abwicklung deutlich. Es äußert sich zudem in der wiederholten sprachlichen Formulierung des nur scheinbar widersprüchlichen „Wir sollen und wollen", mit dem der König die Übereinstimmung seines freien Willens mit dem Willen der Kurfürsten zum Ausdruck brachte.

König/Kaiser als „defensor ecclesiae"   Nicht aus der Welt schaffen ließ sich allerdings die Tatsache, daß der gewählte Römische König und Kaiser in der Frühen Neuzeit in der Ausübung seines Amtes vielfältig eingeschränkt war. Er stellte sich in seiner Wahlkapitulation zwar in die Tradition seiner mittelalterlichen Vorgänger und verstand sich als „Advokat" der römischen Kirche und des Papstes, als „defensor ecclesiae", aber er war nicht mehr der mit voller Herrschergewalt ausgestattete Weltherrscher und nach der Reformation nicht mehr der Schirmherr der Christenheit, um die Größe und Macht des viele Völker und Könige umfassenden Römischen Weltreiches wiederherzustellen.

Gleichwohl behielt der neuzeitliche Römische König und Kaiser etwas von seinem mittelalterlichen Nimbus. Im Kampf gegen die Türken wuchs er – zum einen – bis zur Befreiung Wiens im Jahre 1683 zeitweise noch einmal in die aktiv auszufüllende Funktion des Schirmherrn des christlichen Abendlandes und sollte zusammen mit dem Papst eine europäische Hilfe zur Abwehr der Nichtchristen organisieren. Doch gleichzeitig ist seit der zweiten Hälfte des 16. Jahrhunderts auch eine „Säkularisierung der kriegerischen Auseinandersetzung zwischen dem Reich und den Türken" (W. SCHULZE) zu beobachten, wurden die Türkenkriege Bestandteile des machtpolitischen Ringens innerhalb des europäischen Staatensystems.

Zum anderen behielt der Römische Kaiser in der vor allem zeremoniell bedeutsamen Ranghierarchie der europäischen Monarchen seine Vorrangstellung, die nur die türkischen Sultane aus ihrer islamischen Überzeugung heraus in Zweifel zogen. Die russischen Zaren, die seit 1721 offiziell den Kaisertitel führten, machten dem Römischen Kaiser seine Würde und seinen traditionellen Vorrang nicht streitig, sondern betrachteten ihn als *primus inter pares*. Die Anerkennung der russischen Kaiserwürde im Jahre 1762 war ausdrücklich mit der Erläuterung verbunden, daß dem Zaren in Rang und Zeremoniell nicht mehr als bisher eingeräumt werden sollte.

Drittens blieb der Römische König und Kaiser während der gesamten Frühen Neuzeit Reichslehnsherr. Die mittelalterliche Lehnsverfassung behielt als Herrschafts- und Organisationsprinzip ihre Bedeutung und das das Lehnswesen charakterisierende personale Aufeinanderbezogensein von Lehnsherr und Lehnsmann prägte auch das Heilige Römische Reich Deutscher Nation zwischen 1495 und 1806. Allerdings ist nicht zu übersehen, daß die archaischen Lehnsbedingungen zwischen König/Kaiser und Reichsunmittelbaren bis ins 18. Jahrhundert zunehmend verdeckt wurden und sich etwa die Tendenz verstärkte, die territorial-fürstliche Landeshoheit als aus sich selbst heraus existent zu verstehen, nicht abgeleitet aus dem Lehnsverhältnis ihrer Inhaber. Gleichwohl blieb das Reich ein lehnrechtlich begründeter Personenverband, der in seinen vielfältigen Einzelbeziehungen sowohl im Falle des Todes des Königs/Kaisers als Lehnsherr als auch im Falle des Todes eines Lehnsmannes erneuert werden mußte, denn der Lehnsnexus bestand immer nur auf Lebenszeit der persönlich daran beteiligten Partner. Folglich waren Belehnungsakte stets deutliche Manifestationen der

Vorrangstellung in Europa

Reichslehnsherr

reichslehnrechtlichen Gewalt des Römischen Königs/Kaisers. Sie fanden z. B. besonders augenfällig öffentlich während des ersten Reichstags eines neugewählten Reichsoberhauptes statt (1495 und 1521 zu Zeiten Maximilians I. und Karls V. in Worms), letztmalig unter freiem Himmel durch Maximilian II. 1566 in Augsburg für den Kurfürsten August von Sachsen, aber auch – nach dem Wechsel der sächsischen Kurlinie im Schmalkaldischen Krieg – für dessen Vorgänger Moritz durch Karl V. 1548 während des Augsburger Reichstages. Nach 1566 erfolgte die Erneuerung und Bestätigung der Thronlehen, d.h. der Fürstentümer, stets durch den König/Kaiser persönlich in einer Zeremonie an seinem Hof, in der die Reichsfürsten oder ihre Gesandten den Lehnseid leisteten. Die übrigen Reichslehen wurden weniger feierlich durch den Reichshofrat als Reichslehnshof ausgegeben.

Einschränkungen   Ganz frei allerdings war der Römische König/Kaiser bei der Lehensvergabe nicht, denn bei der Wiederverleihung heimgefallener Reichslehen war er an die Zustimmung der Kurfürsten gebunden. Aber diese Situation trat in der Frühen Neuzeit kaum noch ein, denn durch erbrechtliche Vorkehrungen in Form von Erbverträgen oder Erbverbrüderungen suchten die Dynastien sie zu verhindern. So sah z. B. die Wittelsbacher Hausunion vom 15. Mai 1724 u. a. die wechselseitige Sukzession der beiden katholischen Linien u. des Hauses Wittelsbach im Falle des Aussterbens einer Linie vor. Trat gleichwohl ein Lehnsheimfall ein, so durften die Römischen Könige und Kaiser von Karl V. an dieses Lehen eigenmächtig nicht wieder ausgeben und damit in ihrem Sinne ohne reichsständische Partizipation politisch wirksam einsetzen, sondern mußten es gemäß der Wahlkapitulation zum Unterhalt des Reiches gebrauchen. So wie die Vergabe und Verpfändung von Reichsgut ganz allgemein an den kurfürstlichen, später auch den gesamten reichsständischen Konsens gebunden war, so auch die Wiederausgabe von Reichslehen. Nur heimgefallene reichsritterschaftliche Lehen durfte der König/Kaiser selbständig wieder an Reichsritter ausgeben, wodurch zwischen ihnen und ihm eine besonders enge Beziehung entstand.

Reichsitalien   In den Zusammenhang der Sicherung des in der Frühen Neuzeit ohnehin stark verkleinerten Reichsgutes gehören auch die letztlich erfolglosen Bemühungen der Römischen Könige und Kaiser seit dem 16. Jahrhundert, die Lehnsabhängigkeit der meist kleinen, insgesamt ca. 300 italienischen Reichsvasallen neu zu beleben, verbunden mit dem tief in das europäische Mächtesystem eingreifenden Versuch, dem Reichsgedanken und der kaiserlichen Autorität südlich der Alpen wieder stärkere Geltung zu verschaffen.

Wie der Römische König und Kaiser als Reichslehnsherr teils aus eigener Machtvollkommenheit, teils nur im Konsens mit den Kurfürsten und/oder den übrigen Reichsständen handeln konnte, so war sein Handlungsspielraum bei der Wahrnehmung seiner Rechte und Erfüllung seiner Aufgaben insgesamt eingeschränkt. Schon die zeitgenössische Reichsstaatsrechtslehre hat deshalb – allerdings keineswegs verbindlich – zwei Hauptgruppen königlicher/kaiserlicher Rechte unterschieden: die „jura caesarea reservata" und die „jura caesarea reservata limitata" bzw. die „jura comitialia".

Die „jura caesarea reservata", die kaiserlichen Reservatrechte, die in keinem reichsgesetzlichen Katalog und auch nicht in den Wahlkapitulationen festgeschrieben waren, standen dem Reichsoberhaupt im Rahmen des gültigen Reichsrechtes exklusiv zu und bildeten die kleinste Gruppe. Sie umfaßte als letzte Reste ungeschmälerter königlicher/kaiserlicher Machtvollkommenheit außer dem Recht auf Wiedervergabe heimgefallener niederer Reichslehen, dem Propositionsrecht auf dem Reichstag und dem Postrecht die Rechte, Standeserhöhungen vorzunehmen, Notare zu ernennen (Reichsnotariatsordnung von 1512), Kammerrichter und Beisitzer am Reichskammergericht zu präsentieren, Präsidenten und Mitglieder des Reichshofrates zu bestellen, das Heilige Römische Reich nach außen zu vertreten, Universitätsprivilegien zu erteilen, akademische Grade und Titel zu verleihen, Privilegien zu vergeben, Dispensierungen auszusprechen, Minderjährige für volljährig zu erklären und uneheliche Kinder zu legitimieren. Die Wahrnehmung einiger dieser Rechte war freilich nicht selten abhängig vom wechselnden machtpolitischen Verhältnis zwischen König/Kaiser und Reichsständen und blieb nicht ohne landesherrliche Einwirkungsversuche, wenn Reichsfürsten die Tätigkeit kaiserlicher Notare in ihren Territorien zulassungspflichtig machten oder ihre Untertanen betreffende Volljährigkeitserklärungen und Legitimationen konkurrierendem territorialstaatlichem Recht zu unterwerfen suchten. *Kaiserliche Reservatrechte*

Das Standeserhöhungsrecht war angesichts der Tatsache, daß das Heilige Römische Reich Deutscher Nation wesentlich durch eine höchst differenzierte Adelsgesellschaft geprägt war, das wohl bedeutendste kaiserliche Reservatrecht, von dem das Reichsoberhaupt ausgiebig Gebrauch machte und das es auch politisch zu instrumentalisieren suchte. Immerhin gab es – abgesehen von zahllosen Erhebungen in den Reichsritter-, Reichsfreiherrn- und Reichsgrafenstand – z. B. zwischen 1582 und 1806 ca. 160 Erhöhungen in den Reichsfürstenstand. Von diesen neuen Reichsfürsten erwarben im Jahrhundert zwischen 1653 und 1754 aber nur 19 Sitz und Stimme im Reichsfürstenrat des *Recht zur Standeserhöhung*

Reichstages und konnten damit auf den Erwerb einer höheren Dignität verweisen, durch die sie ihre reichsverfassungsrechtliche Bedeutung steigerten. Der Grund dafür war, daß seit der Mitte des 17. Jahrhunderts Kurfürsten und alte Reichsfürsten bei solchen Aufnahmen in den Reichsfürstenrat zunächst ein in Wahlkapitulationen verankertes Anhörungs- und dann auch Mitspracherecht hatten und gemäß § 197 des Jüngsten Reichsabschieds von 1653/54 über die hinreichende Qualifikation und vor allem über die Qualität der reichsunmittelbaren und reichsterritorialen Begüterung entschieden, über die Reichsstandschaft erworben wurde. Dabei verfolgten die Reichsfürsten das Ziel, zur Erhaltung ihrer ständischen Exklusivität und zwecks Vermeidung einer unübersehbaren Veränderung der bestehenden Stimmenverhältnisse den Neuzugang zum Reichsfürstenrat zu erschweren und vom Römischen König/Kaiser veranlaßte, politisch wirksame Pairsschübe zu verhindern.

Schutzherr der
Reichskirche

　　Allein dem Römischen König und Kaiser zustehende Rechte flossen im übrigen aus seiner Stellung als Schutzherr der Reichskirche und zugleich Lehnsherr der zu ihr gehörenden Hochstifter, Stifter und reichsunmittelbaren Abteien. Zu diesen kirchlichen Reservatrechten gehörte vor allem das Recht der Ersten Bitten („jus primariarum precum"), das darin bestand, die erste nach der Krönung freiwerdende Pfründe eines Dom- oder Kollegiatstiftes, eventuell auch einer Pfarrkirche, mit einem Inhaber seiner Wahl zu besetzen. Verwandt war damit das lange Zeit ungeübte, aber von Kaiser Joseph II. wieder beanspruchte Recht der Panisbriefe, durch das ein bedürftiger Laie in den Genuß lebenslangen Unterhalts durch ein Kloster oder Stift gelangte, ohne geistlich werden zu müssen. Allgemein verfügte der Römische König und Kaiser im übrigen über eigene Rechte bei der Papstwahl, bei Bischofswahlen und bei Besetzungen verschiedener anderer Ämter der Reichskirche und konnte in Ausübung seiner Exclusiva („jus exclusivae"), seines Einspruchsrechts über die Verhinderung von Zweidrittelmehrheiten entscheidenden Einfluß auf Wahlen nehmen.

Eingeschränkte
kaiserliche Rechte

　　Weitaus größer und vor allem politisch gewichtiger war die in sich zweigeteilte Gruppe von Rechten, die der Römische König/Kaiser nur in eingeschränkter Weise im Zusammenwirken mit anderen ausüben durfte: die „jura comitialia", die Komitialrechte, die ihn an die Zustimmung des Reichstages banden, und die „jura caesarea reservata limitata", für deren rechtskräftige Anwendung die Mitwirkung der Kurfürsten unabdingbar war. Die Komitialrechte umfaßten die wichtigsten Hoheitsrechte des Reiches, wie sie im Westfälischen Frieden von 1648 nicht zum ersten Mal und keineswegs vollständig, aber beispielhaft genannt wurden: Gesetzgebung, Rechtsprechung des Reichskammergerichts, Steuererhebung, Entscheidung über Krieg und Frieden, Bündnis- und Außenpolitik (IPO Art. VIII § 2). Ihre mehr königliche/kaiserliche oder mehr reichsständische Ausgestaltung in konkreten politischen Situationen war Gegenstand nicht nur der Wahlkapitulationen, sondern auch der Reichstagsbeschlüsse. Darüber hinaus wurde generell die Entscheidung in allen das Reich als Ganzes betreffenden Angelegenheiten an die Mitwirkung des Reichstages gebunden.

Die „jura caesarea reservata limitata" schließlich unterstrichen die seit der Goldenen Bulle von 1356 reichsgrundgesetzlich verankerte besondere Stellung der Kurfürsten. Ohne ihre Zustimmung durfte kein Römischer König oder Kaiser über heimgefallene Lehen verfügen, einen Reichstag einberufen oder einen Reichsstand in die Acht erklären. Außerdem war die Erteilung der finanziell bedeutsamen Münz-, Zoll- und Stapelgerechtigkeiten auf den Konsens mit den Kurfürsten angewiesen. Mehr als die königlichen/kaiserlichen Reservatrechte eröffnen die die Machtvollkommenheit des Reichsoberhauptes einschränkenden Rechte den Zugang in die Verfassungswirklichkeit des frühneuzeitlichen Heiligen Römischen Reiches Deutscher Nation, die freilich nicht nur von einem Gegensatz König/Kaiser – Reichsstände gekennzeichnet ist, sondern auch von Auseinandersetzungen zwischen den Reichsständen. So erreichten etwa die Reichsfürsten nach langen Bemühungen, daß von der Wahlkapitulation Karls VI. aus dem Jahre 1711 an außer den Kurfürsten auch sie und die übrigen Reichsstände ihre Zustimmung zu Achterklärungen geben mußten, die Reichsacht also zu einem Gegenstand der Komitialrechte wurde.

2. Die Reichsstände

2.1. Grundlagen und allgemeine Entwicklung

„Ein Stand des Teutschen Reichs ist eine Person oder Commun, welche 1. ein unmittelbares Land oder Gebiet besizet, und 2. in Ansehung desselbigen Sitz und Stimme auf allgemeinen Versammlungen hat." So definierte Johann Jakob Moser (1701–1785), einer der bedeutendsten Reichsstaatsrechtslehrer des 18. Jahrhunderts, in seinem zwischen 1766 und 1782 erschienenen 27-bändigen „Neue[n] Teutsche[n] Staats-Recht" die Reichsstände und bezeichnete damit den Endpunkt einer im Mittelalter begonnenen Entwicklung. Wer reichsunmittelbar war, das kristallisierte sich in einem komplizierten Prozeß bis zum Beginn der

Definition: Reichsstand

Frühen Neuzeit heraus. Im Zusammenhang der Abwehr der von Hussi-
ten und Türken ausgehenden Gefahren wurde im 15. Jahrhundert die
Kaiser und Reich zu erbringende Leistungspflicht in Matrikeln und
Reichskriegssteuerordnungen festgestellt (1422, 1427, 1471). Nur der,
der einzig und allein dem Kaiser unterworfen und keinem anderen
Herrn verpflichtet war, hatte für Kaiser und Reich Truppen zu stellen
und/oder finanzielle Abgaben zu leisten, nicht die, deren Herr der
Reichsstand selber war. Es waren die mit Landbesitz ausgestatteten
weltlichen und geistlichen Reichslehnsmänner sowie die Reichsstädte,
die zugleich bis zur Wende vom 15. zum 16. Jahrhundert ihre Teilnah-
meberechtigung am sich herausbildenden Reichstag durchsetzten.

Adeliger Personen-
verband

Abgesehen von den Reichsstädten, in denen der Römische König/
Kaiser oberster Herr war, handelte es sich um einen überwiegend adeligen Personenverband. Über den Ausbau und die Organisation seines
ererbten Besitzes an Grund und Boden, die nur von ihm auszuübende
Herrschaftsgewalt über Land und Leute, die freie Verfügung über auto-
nome Rechte sowie die lehnrechtliche Bindung an den Römischen König und Kaiser gelangte der Reichsstand in eine reichsunmittelbare
Stellung, die mit dem Erwerb von Sitz und Stimme auf dem Reichstag
politisch gewichtet wurde. Aufgrund seiner höchst unterschiedlichen
Ausstattung mit Landbesitz, Herrschaftsgewalt sowie Gewohnheits-
recht, Privilegien und anderen Rechten sehr verschiedener Art über
Jahrhunderte hinweg unterschied sich jeder Reichsstand von jedem anderen. Die Reichsstände bildeten eine durch extreme soziale und politische Ungleichheit ihrer Mitglieder gekennzeichnete Gruppierung, aus
der heraus sich auch die Qualität ihrer Beziehungen zu König und Kaiser und ihr Ausmaß an reichspolitischer Partizipation bestimmten.

Reichsständische
Gruppen

Bei aller Unterschiedlichkeit lassen sich die Reichsstände gleichwohl in wenige, in sich aber wieder sehr differenzierte Gruppen zusam-
menfassen, wie es auch in der für die Frühe Neuzeit maßgeblich gewordenen Reichsmatrikel von 1521 und in den Teilnehmerlisten der
Reichstage am Ende der Reichsabschiede geschehen ist. Sie wurden als
Gruppe der Kurfürsten, Reichsfürsten, Reichsprälaten, Reichsgrafen
und Reichsstädte in den frühneuzeitlichen Wahlkapitulationen der Römischen Könige und Kaiser besonders bevorrechtet und in ihrer reichs-
tragenden Funktion gestärkt. Die Kurfürsten zuerst, dann aber auch die
„ander[en] Fürsten, Grafen, Herren und Steende [wurden] bei iren
hochisten Wirden, Rechten und Gerechtigkaiten, Macht und Gewalt,
jeden nach seinem Stand und Wesen, beleiben [ge]lassen" und erhielten
„darzue ire Regalia, Oberkait Freiheiten, Privilegien, Phandschaften
und Gerechtigkeiten, auch Gebrauch und guete Gewonheiten, so sie

bisheer gehebt oder in Ubung gewesen sein, zu Wasser und zu Lande,
in gueter bestendiger Form on all Waigerung confirmir[t] und bestet-
tig[t]" (Wahlkapitulation 1519, § 4).

Zu Beginn des 16. Jahrhunderts hatten diese reichsständischen
Gruppen eine bemerkenswerte Kohärenz erreicht, blieben freilich – bei
aller ständischen Abgeschlossenheit und Immobilität – bis zum Ende
des Heiligen Römischen Reiches auch Veränderungen unterworfen.
Diese waren vor allem durch Verlust oder Erwerb von Reichsstandschaft, durch Standeserhöhung, Mediatisierung oder Aussterben einer
reichsständischen Familie bedingt. Deutlich werden die Veränderungen
bereits an den – die italienischen Reichslehen nicht berücksichtigenden
– Gesamtzahlen: die Wormser Reichsmatrikel von 1521 zählte 383 lei-
stungspflichtige Reichsstände, eine Aufstellung des Staatsrechtlers
Christian August Beck im Rahmen seiner Vorträge (1755/1760) für den
jungen österreichischen Erzherzog Joseph, den späteren Kaiser Joseph II., 279 Reichsstände und ein im Anschluß an die Arbeiten Johann
Stephan Pütters 1792 zusammengestelltes Verzeichnis 294 Reichsstände. Ihre geographische Verteilung auf das Reichsgebiet ist bei den
einzelnen reichsständischen Gruppen sehr unterschiedlich und zeigt
eine besondere Massierung im Südwesten des Reiches, aber auch an
Rhein und Main sowie im südlichen mitteldeutschen Raum zwischen
Werra und Elbe.

> Veränderungen während der Frühen Neuzeit

Nicht (mehr) zu den Reichsständen gehörten vom Beginn des
16. Jahrhunderts an die Reichsritter, die zwar reichsunmittelbar waren,
aber aufgrund ihres militärischen Funktionsverlustes im Spätmittelalter
auch politisch an Bedeutung verloren und ihre Berechtigung, am
Reichstag teilzunehmen, nicht durchsetzen konnten. Das Fehlen dieses
Personenkreises schloß allerdings nicht aus, daß einzelne an die Spitze
reichskirchlicher Institutionen gewählte Reichsritter über die Funktionen als Erzbischöfe, Bischöfe oder Äbte Zugang zu den reichsständischen Gruppen der Kurfürsten, Reichsfürsten oder Reichsprälaten fanden. Ihre Reichsstandschaft war dann nicht geburtsständisch begründet,
sondern leitete sich einzig von einem Amt her, an dem unmittelbarer
Landbesitz sowie Sitz und Stimme auf dem Reichstag hingen.

> Reichsritter – reichsunmittelbar, aber ohne Reichs-standschaft

2.2. Die reichsständischen Gruppen

2.2.1. Kurfürsten

Nach der Vorgabe der Goldenen Bulle von 1356 umfaßte der dort festgelegte Kreis der Kurfürsten sieben Reichsfürsten. Die Erzbischöfe von

> Geistliche und welt-liche Kurfürsten

Mainz, Köln und Trier bildeten die Untergruppe der geistlichen Kurfürsten, während die der weltlichen Kurfürsten vom König von Böhmen, Pfalzgrafen bei Rhein, Herzog von Sachsen und Markgrafen von Brandenburg gebildet wurde. Zahlenmäßige Veränderungen gab es bis 1803 nur bei den weltlichen Kurfürsten, deren Kreis im 17. Jahrhundert der Herzog von Bayern und an der Wende vom 17. zum 18. Jahrhundert der Herzog von Braunschweig-Lüneburg (Hannover) erweiterten. Infolge der Ächtung des pfälzischen Kurfürsten Friedrich V. aufgrund seiner Rolle im Böhmischen Aufstand (König [„Winterkönig"] von Böhmen 1619–1621) erwarb Herzog Maximilian I. von Bayern 1623 dessen Kurwürde und behielt sie auch über das Ende des Dreißigjährigen Krieges hinaus, denn im Westfälischen Frieden von 1648 wurde für den Pfalzgrafen bei Rhein eine neue achte Kurwürde eingerichtet. Eine neunte Kurwürde wurde 1692 im „Kurtraktat" zwischen Kaiser Leopold I. und Herzog Ernst-August I. von Braunschweig-Lüneburg geschaffen, deren reichsrechtliche Bestätigung durch den Reichstag aber erst Kaiser Joseph I. 1708 für Herzog Georg Ludwig erreichte. Nachdem mit dem Tode Kurfürst Maximilians III. Joseph von Bayern 1777 die Münchener Kurlinie ausgestorben war, reduzierte sich die Zahl der Kurfürsten insgesamt wieder auf acht, denn Kurfürst Karl Theodor von der Pfalz wurde aufgrund der Wittelsbacher Hausunion von 1724 auch bayerischer Landesherr und übernahm dessen Kurwürde 1778.

Die größten Veränderungen des Kreises der Kurfürsten waren zu Beginn des 19. Jahrhunderts Folgen des Friedens von Lunéville von 1801 und des Reichsdeputationshauptschlusses von 1803, und sie betrafen auch die geistlichen Kurfürsten. Die Mainzer Kurstimme Carl Theodors von Dalberg wurde zwar insofern erhalten, als sie auf die neuen Fürstentümer Regensburg und Aschaffenburg übertragen wurde, aber die Kurwürden von Köln und Trier wurden aufgehoben. Neu errichtet wurden die Kurfürstentümer Salzburg, Baden, Württemberg und Hessen-Kassel, von denen die Salzburger Kurwürde nach dem Frieden von Preßburg (1805) auf das Großherzogtum Würzburg übertragen wurde. Am Ende des Heiligen Römischen Reiches gab es folglich zehn Kurfürsten, unter denen die traditionelle katholische Mehrheit zugunsten einer protestantischen gewechselt hatte: mit Sachsen, Brandenburg, Braunschweig-Hannover, Baden, Württemberg und Hessen-Kassel standen sechs protestantische Kurstimmen vier katholischen gegenüber (Böhmen, Pfalz-Bayern, Regensburg-Aschaffenburg und Salzburg/Würzburg).

Insgesamt waren von 1500 bis 1806 131 Reichsfürsten Kurfürsten. Sie rekrutierten sich bei den weltlichen Kurfürsten aus den großen

(Marginalien:)

Veränderungen im 17. und 18. Jahrhundert

Veränderungen zu Beginn des 19. Jahrhunderts

Herkunft der Kurfürsten

Herrscherdynastien der Habsburger (Böhmen), Wittelsbacher (Pfalz und Bayern), Wettiner (Sachsen), Hohenzollern (Brandenburg) und Welfen (Braunschweig-Hannover), zu denen zu Beginn des 19. Jahrhunderts noch die Häuser Baden, Hessen und Württemberg kamen. Bei den sächsischen Kurfürsten gab es im Schmalkaldischen Krieg einen Wechsel von der ernestinischen Linie der Wettiner zur albertinischen Linie, als Herzog Johann Friedrich I. in der Wittenberger Kapitulation vom 19. Mai 1547 u. a. auch die Kurwürde verlor und Herzog Moritz sein Nachfolger wurde. Könige und Kurfürsten von Böhmen waren bis 1526 Jagiellonen, 1619–1621 mit Kurfürst Friedrich V. von der Pfalz und 1741–1743 mit Kurfürst Karl Albrecht von Bayern (als Karl VII. Römischer König und Kaiser 1742–1745) kurzzeitig auch Wittelsbacher. Die geistlichen Kurfürsten von Mainz, Köln und Trier waren zwar zum Teil auch Angehörige dieser Dynastien: Erzbischöfe von Köln waren Wittelsbacher von 1583 bis 1761, Habsburger ab 1784, ein Hohenzoller – Albrecht von Brandenburg – 1514–1545 Erzbischof von Mainz, ein Pfalz-Neuburger – Franz Ludwig – 1716–1729 Erzbischof von Trier und 1729–1732 Erzbischof von Mainz, ein Wettiner – Klemens Wenzeslaus – 1768–1802 Erzbischof von Trier. Aber der weitaus größere Teil entstammte reichsgräflichen und reichsritterschaftlichen Familien sowie dem landsässigen Adel der jeweiligen Umgebung. Unter den Namen finden sich Schönborn und Dalberg, Wied und Metternich, von der Leyen, Greiffenclau, Eltz, Sötern und viele andere.

Seit der Goldenen Bulle Kaiser Karls IV. war die herausgehobene, sie von den anderen Reichsfürsten und allen Reichsständen unterscheidende reichsverfassungsrechtliche Stellung der Kurfürsten als Wähler des Römischen Königs festgeschrieben. Um diese zu sichern und zu stabilisieren, damit sie ihrer Funktion als „Säulen des Reiches" gerecht werden und damit es nicht mehrere Teilhaber einer Kurwürde geben konnte, wurden für die weltlichen Kurfürsten die Unteilbarkeit der Kurlande und die Primogenitur-Erbfolge verankert. Bei den geistlichen Kurfürsten wurde dieser Zweck über die auf Eindeutigkeit angelegten Bischofswahlen erreicht. Die Erhaltung der Zahl der Kurfürsten wurde durch die Vorschrift gesichert, daß ein heimgefallenes Kurfürstentum vom Römischen König oder Kaiser sofort wieder verliehen werden sollte. Als Reichsterritorien wurden die Kurfürstentümer vor allem über Gerichtsprivilegien *(privilegium de non appellando* und *privilegium de non evocando)* sowie Bergwerks-, Zoll- und Münzrechte ausgebaut. Ihre Position im Reich wurde zudem dadurch gestärkt, daß die geistlichen Kurfürsten als Inhaber von Reichserzkanzlerämtern (Mainz für das Reich, Köln für Italien, Trier für Burgund) und die weltlichen

„Säulen des Reiches": Wahlfürsten

Kurfürsten als Inhaber von Erzämtern (Böhmen: Schenk, Pfalz: Truch-
seß, Sachsen: Marschall, Brandenburg: Kämmerer) hervorgehoben waren. Nachdem die Pfälzer Kurwürde 1648 endgültig an Bayern über-
gegangen war, erhielt der Kurfürst von der Pfalz 1652 das Erzschatz-
meisteramt, das 1778 an den Kurfürsten von Hannover kam, der 1692
zunächst das Erzbanneramt erhalten hatte.

    Die reichsverfassungsrechtliche Bedeutung der Kurfürsten äußert
sich – außer in ihrer Wählerfunktion – vor allem darin, daß ihnen schon
in der Goldenen Bulle ein Selbstversammlungsrecht eingeräumt worden war, das die frühneuzeitlichen Wahlkapitulationen der Römischen
Könige und Kaiser stets bestätigten. Sie schlossen sich auch in der Frü-
Kurvereine   hen Neuzeit zu Kurvereinen zusammen, von denen der Frankfurter von
1558 als „Unio Electoralis novissima" grundlegende Bedeutung erhielt. In der Tradition des mittelalterlichen Einungswesens stehend,
verfolgte die Gesamtheit der Kurfürsten – daneben gab es auch Kurvereine nur der rheinischen Kurfürsten – seit dem Kurverein von Rhense
1338, verstärkt im 15. Jahrhundert und dann auch im 16. Jahrhundert
(1502/03 Gelnhausen, 1521 Worms) die Ziele, ihre kurfürstlichen
Rechte zu sichern und auszubauen, ihre Beziehungen untereinander zu
regeln und sich auf eine gemeinsame kurfürstliche Reichspolitik zu
verständigen. Zum Frankfurter Kurverein von 1558 kam es in der
schwierigen Situation des Herrschaftsübergangs auf Ferdinand I. nach
der Abdankung Karls V., in der es den Kurfürsten in besonderer Weise
erforderlich erschien, ihre Rechte zu betonen. Er wurde zum Ausgangspunkt aller Erneuerungen, etwa derjenigen in Prag 1652, als es nach
dem Westfälischen Frieden galt, Ansprüche der übrigen Reichsfürsten
auf verstärkte Partizipation auch an Aufgaben abzuwehren, die bis dahin einzig den Kurfürsten oblagen, und ihm traten die Kurfürsten bis
zum Ende des 18. Jahrhunderts bei.

Kurfürstentage   Die Kurfürsten versammelten sich aber auch zu eigenen selbständigen Tagungen oder im Zusammenhang von Reichstagen, zu Kurfür-
stentagen also, die sich von solchen unterschieden, auf denen es um
Römische Königswahlen oder um den Kurverein ging. Auffallend ist
deren Häufigkeit in Zeiten, in denen Reichstage seltener oder gar nicht
mehr zusammentraten, also vor allem an der Wende vom 16. zum
17. Jahrhundert und in der ersten Hälfte des 17. Jahrhunderts. Während
des Dreißigjährigen Krieges ersetzten Kurfürstentage wie die zu Mühl-
hausen (1620,1627), Regensburg (1630, 1636) und Nürnberg (1640)
gleichsam Reichstage, die Kurfürsten handelten für die Gesamtheit der
Reichsstände. Die reichsverfassungsgeschichtlich so bedeutsame Entlassung Wallensteins erfolgte 1630 nicht auf einem Reichstag, sondern

während des Regensburger Kurfürstentages, indem sich die Kurfürsten
gegen Kaiser Ferdinand II. durchsetzten.

Schließlich bildeten die Kurfürsten auf den Reichstagen eine eigene Kurie, den Kurfürstenrat, der ihnen im Speyerer Reichstagsabschied von 1544 und bei anderen Gelegenheiten ausdrücklich bestätigt
wurde. Sie setzten ihn ab 1564 auch auf dem Ordentlichen Reichsdeputationstag durch, der im Zusammenhang der abgestuften Maßnahmen
zur Wiederherstellung des Landfriedens in der Reichsexekutionsordnung von 1555 verfassungsrechtlich verankert worden war. Dabei ging
es ihnen grundsätzlich darum – wie sie in der „Unio Electoralis novissima" von 1558 formulierten –, „als ein Wesen und Sammelung" auf-
zutreten, und so ihre Vorrangstellung, ihre Präeminenz, zu dokumentieren, die sie aus der Goldenen Bulle ableiteten und die sie in ihrer Gesamtverantwortung für das Heilige Römische Reich beanspruchten.

Kurfürstenrat des Reichstages

Innerhalb des Kurfürstenkollegs nahm der Erzbischof von Mainz
schon aufgrund seiner Aufgaben bei Römischen Königswahlen eine
besonders hervorgehobene Stellung ein. Als Reichserzkanzler hatte er
bei allen Versammlungen der Kurfürsten und der Reichsstände leitende
Funktionen wahrzunehmen. Das Recht, die gewählten Römischen Könige zu krönen, mußte er sich im 16. und 17. Jahrhundert aber erst gegen den Erzbischof und Kurfürsten von Köln erstreiten, denn nach der
Goldenen Bulle (Kap. IV, 2) hatte dieser „die Würde und Pflicht [...],
dem Römischen König zuerst die Königskrone aufzusetzen". Ein Vertrag zwischen den Kurfürsten von Mainz und Köln vom 16. Juni 1657
regelte das Krönungsrecht dahingehend, daß es dem Erzbischof von
Köln innerhalb seines Amtsbezirkes und im zur Diözese Lüttich gehörenden Aachen zustehe, der Erzbischof von Mainz es innerhalb seines
Amtsbezirkes, also in Frankfurt, ausüben dürfe. An anderen Orten außerhalb der bezeichneten Grenzen – also in Augsburg oder in Regensburg – sollten sich beide Kurfürsten abwechseln; aber auch Ausnahmen
waren möglich, denn Karl VII. wurde 1742 in Frankfurt nicht vom
Mainzer Erzbischof Philipp Karl von Eltz gekrönt, sondern von seinem
Bruder Klemens August, Erzbischof von Köln.

Vorrangstellung des Kurfürsten von Mainz

Eine zeitweise hervorgehobene Stellung nahmen auch die Kurfürsten von der Pfalz und von Sachsen ein, denn nach der Goldenen Bulle
von 1356 (Kap. V, 1) waren sie in Interregna nach dem Tode eines Römischen Königs solange Reichsvikare, solange kein neuer König gewählt worden war und die Nachfolge seines Vorgängers angetreten
hatte. Ihre Zuständigkeit war – entsprechend den Geltungsgebieten des
fränkischen und sächsischen Rechts – räumlich begrenzt auf die rheinischen, schwäbischen und fränkischen Lande, in denen der Kurfürst von

Kurfürsten als Reichsvikare

der Pfalz das Rheinische Reichsvikariat ausübte, und auf die sächsischen Lande, in denen der Kurfürst von Sachsen das Sächsische Reichsvikariat innehatte. Diese Reichsvikariate *vacante imperio* (Reichsvikariate *absente rege* gab es in der Frühen Neuzeit nicht mehr, waren aber denen *vacante imperio* rechtlich gleichgestellt) wurden mit erheblichen Rechten wie Abhaltung von Gericht, Präsentation kirchlicher Pfründen, Ausgabe von Reichslehen mit Ausnahme von Fürstenlehen, Standeserhöhungen, Legitimationen u. a. ausgestattet; die Ergebnisse ihrer Wahrnehmung bedurften aber der Bestätigung des neugewählten Römischen Königs. Außerdem waren mit ihnen nicht unerhebliche Einkünfte verbunden. Auf Rechte und Einkünfte als Reichsvikare verzichteten die Kurfürsten von Sachsen und von der Pfalz, wenn sie zur Vermeidung von Interregna Römischen Königswahlen *vivente imperatore* zustimmten.

Vikariatsstreit zwischen Kurbayern und Kurpfalz

Der Kurfürst von der Pfalz verlor allerdings im Dreißigjährigen Krieg aufgrund seines Ausscheidens aus dem Kreis der Kurfürsten seine alleinigen Rechte auf das Rheinische Reichsvikariat und mußte sie als achter Kurfürst nach dem Westfälischen Frieden mit dem Kurfürsten von Bayern teilen. Wiederholte Streitigkeiten zwischen beiden führten in der Wittelsbacher Hausunion von 1724 zur Vereinbarung, dieses Reichsvikariat gemeinsam wahrzunehmen. Da dieses Samtvikariat nicht reichsrechtlich anerkannt wurde, kam es 1745 während des Interregnums nach dem Tode Kaiser Karls VII. und vor der Wahl Franz Stephans von Lothringen zu einem neuen Vertrag zwischen Maximilian III. Joseph von Bayern und Karl Theodor von der Pfalz, in dem man sich auf die abwechselnde Führung des Rheinischen Vikariats verständigte: Der Bayer sollte das Reichsvikariat in der aktuellen Situation ausüben, der Pfälzer im nächsten eintretenden Interregnum u.s.w. Diese Lösung des Alternativ-Vikariats fand 1752 die Zustimmung des Reichstages und wurde von Kaiser Franz I. ratifiziert.

Kurfürst von Böhmen

Schon in der Goldenen Bulle von 1356 (Kap. VIII) nahm auch der Kurfürst von Böhmen eine besonders bevorrechtigte Position ein, die ihn zugleich dem Heiligen Römischen Reich Deutscher Nation stark entfremdete. Er beschränkte seine Wahrnehmung der Kurrechte lediglich auf die Wahl der Römischen Könige und beteiligte sich im 16. und 17. Jahrhundert an keinerlei kurfürstlichen Beratungen, obwohl er Sitz und Stimme auf dem Reichstag hatte. Böhmen war weder dem Reichskammergericht noch in Interregna einem Reichsvikar unterworfen, und es war auch nicht in die Einteilung des Reiches in Kreise einbezogen. Eine Änderung trat erst zu Beginn des 18. Jahrhunderts ein, als von Kaiser Joseph I. parallel zur Schaffung einer neunten Kurwürde für den

Herzog von Braunschweig-Lüneburg die Wiederzulassung („Readmission") des Kurfürsten von Böhmen, der seit 1526 (Ferdinand I.) – mit
Ausnahme des „Winterkönigs" 1619–1621 – ein Habsburger war, be-
trieben wurde. 1708 erfolgte die „Readmission" Böhmens im Kollegium der Kurfürsten und allen seinen Organisationsformen, womit
nicht nur das Haus Habsburg sein politisches Gewicht in der Reichspolitik vergrößerte, sondern zugleich die katholische Mehrheit unter den
Kurfürsten sicherstellte. Der Kurfürst von Böhmen mußte sich fortan
auch an allen vom Reich erhobenen Lasten beteiligen.

2.2.2. Reichsfürsten

Wie die Kurfürsten gliederten sich auch die übrigen Reichsfürsten in
eine geistliche und eine weltliche Untergruppe. Zu den geistlichen
Reichsfürsten gehörten nach der Wormser Reichsmatrikel von 1521
vier Erzbischöfe (Magdeburg, Salzburg, Besançon, Bremen) und 46
Bischöfe, also insgesamt 50 Reichsstände; 1792 waren es noch 33
Reichsstände: zwei Erzbischöfe (Salzburg, Besançon) und 22 Bischöfe,
ferner vier Äbte (Kempten, Prüm, Stablo, Corvey), drei Pröpste (Ellwangen, Berchtesgaden, Weißenburg), der Hoch- und Teutschmeister
und der Johanniter-Meister. Abgesehen von den neun Fürstungen und
dem Ausscheiden der Erzbischöfe von Magdeburg und Bremen infolge
Säkularisation fällt vor allem die Reduzierung bei den Bischöfen um
mehr als die Hälfte auf. Sie erklärt sich erstens ebenfalls aus Säkularisationen in sechs Fällen (Halberstadt, Verden, Minden, Schwerin,
Kammin, Ratzeburg), zweitens aus Mediatisierungen im Zuge der Ar-
rondierung großer Territorialstaaten – zum Teil mit Säkularisierungen
verbunden – in zehn Fällen: Chiemsee wurde salzburgisch, Gurk, Sek-
kau und Lavant wurden österreichisch, Meißen, Naumburg und Merse-
burg kursächsisch, Lebus, Brandenburg und Havelberg kurbrandenbur-
gisch, und drittens in neun Fällen aus dem Übergang an Nachbarstaaten
des Reiches: Wallis (Sitten), Genf und Lausanne wurden eidgenössisch,
Cambrai, Verdun, Metz und Toul französisch, Utrecht niederländisch
und Schleswig dänisch. Als neuer Bischof kam 1752 lediglich der von
Fulda hinzu, wurde aber bereits 1802 wieder säkularisiert.

    Insgesamt ist infolge der Reformation eine starke Verminderung
an Bischöfen vor allem im Norden und Nordosten des Reiches festzu-
stellen, wo sich allerdings mit Lübeck eine Besonderheit hielt, denn
dort amtierten seit 1555 protestantische Administratoren als Fürstbi-
schöfe, die aus dem Hause Holstein-Gottorp stammten und die 1774 zu
Herzögen ernannt wurden. Dagegen blieben die Bistümer erhalten, die
sich grob in den Einzugsräumen der großen Flüsse Donau, Main, Rhein

*Geistliche Reichs-
fürsten*

*Auswirkungen der
Reformation*

sowie Ems, Weser und Lippe erstreckten: Regensburg, Passau, Freising, Eichstätt und Augsburg, Bamberg und Würzburg, Lüttich,
Worms, Speyer, Straßburg, Basel, Konstanz und Chur sowie Münster,
Osnabrück, Hildesheim und Paderborn; etwas abseits in den Alpen lagen Trient und Brixen. Sie lagen mehrheitlich zugleich in den Bereichen, in denen die Reichskirche starken Rückhalt bei mächtigen katholischen Dynastien fand, lange Zeit aber auch in deren machtpolitische
Auseinandersetzungen einbezogen wurde.

Rolle der großen   Die bayerischen Wittelsbacher wirkten nicht nur von München
Dynastien   aus etwa auf das Erzbistum Salzburg und die an das Herzogtum und
Kurfürstentum Bayern angrenzenden bzw. von ihm eingeschlossenen
Bistümer Freising, Augsburg, Eichstätt, Regensburg und Passau, sondern auch von Köln aus, wo sie von 1583 bis 1761 den Erzbischof stellten, der dann in zahlreichen Fällen auch Bischof von Münster, Osnabrück, Hildesheim und Paderborn wurde; über Pfalz-Neuburg hatten
die Wittelsbacher zwischen 1680 und 1740 weitere Einwirkungsmög-
lichkeiten, u. a. auf Worms. Die Habsburger hatten vor allem Einfluß
auf Trient und Brixen, aber auch Salzburg, Passau und Augsburg, und
stellten bis in die 1660er Jahre und gegen Ende des Alten Reiches zahlreiche Bischöfe. Über die mit Wien eng verbundenen Schönborns, die
zeitweise auch Erzbischöfe von Mainz und Trier waren, wurden hier
auch die fränkischen Bistümer Würzburg und Bamberg einbezogen.
Bedeutsam war zudem die Rolle des Hauses Lothringen, das von
Nancy aus im Erzbistum Besançon sowie in den Bistümern Basel und
Straßburg stabilisierend wirkte, bis zum Verlust an Frankreich auch in
Metz, Toul und Verdun.

Reichskirche als   Aber nicht nur der hohe Reichsadel, der eine zielstrebige Bistums-
Adelskirche   politik betrieb, stellte die Bischöfe unter den geistlichen Reichsfürsten,
sondern auch der regionale reichsgräfliche, reichsritterschaftliche und
landsässige Adel, womit die Reichskirchen-Fürstentümer zugleich auch
in regionale politische Konstellationen einbezogen waren. Die Reichskirche war eine Adelskirche. Außer dem bereits erwähnten Lübeck stellt
Osnabrück eine Besonderheit dar, denn dort wechselten sich aufgrund
der Bestimmungen des Westfälischen Friedens nach 1648 immer ein ka-
tholischer Fürstbischof und ein lutherischer Welfen-Prinz aus dem Hause
Braunschweig-Lüneburg in der Leitung des Bistums ab.

Weltliche Reichs-   Der Verringerung der geistlichen Reichsfürsten um ein Drittel
fürsten   zwischen 1521 und 1792 steht bei den weltlichen Reichsfürsten, die
Reichsstandschaft erwarben, mehr als eine Verdoppelung gegenüber,
denn während die Wormser Reichsmatrikel 24 weltliche Reichsfürsten
auflistet, zählt die Aufstellung vom Ende des 18. Jahrhunderts 61. Die-

ser Zuwachs um 37 Fürsten resultiert vor allem aus drei verschiedenen Maßnahmen: erstens aus den bereits angesprochenen Säkularisationen, zweitens aus vor allem im 17. und 18. Jahrhundert erfolgten Erhebungen in den Reichsfürstenstand mit Reichsstandschaft – seien es gräfliche Häuser wie Arenberg, Salm, Hohenzollern, Nassau, Fürstenberg, Schwarzburg, Schwarzenberg oder Ostfriesland, seien es Personalisten wie Dietrichstein, Auersperg, Liechtenstein, Thurn und Taxis oder Lobkowitz, drittens aus Vervielfachung bzw. Verdoppelung alter fürstlicher Linien (je fünf pfälzische und sächsische, vier braunschweigische, drei badische, je zwei fränkisch-brandenburgische, pommersche, mecklenburgische, hessische und holsteinische). Hinzu kamen ferner seit dem 17. Jahrhundert die zum Fürstentum erhobene säkularisierte Reichsabtei Hersfeld und die Reichsgrafschaft Mömpelgard sowie im 18. Jahrhundert die Markgrafschaft Nomeny, unter deren Namen der 1736 aus dem Reichsverband ausgeschiedene Herzog von Lothringen dem Reich verbunden blieb. Schon Ende des 16. Jahrhunderts hatte sich das Herzogtum Geldern den niederländischen Generalstaaten angeschlossen, und nach dem Jülich-Klevischen Erbfolgestreit fielen 1614 Jülich-Berg an Pfalz-Neuburg sowie Kleve-Mark an Kurbrandenburg. Zeitweise war die Zahl der zur Reichsstandschaft erhobenen weltlichen Reichsfürsten noch größer, aber die Eggenberg, Piccolomini, Portia, Marlborough, Lamberg und Waldeck schieden schon im Laufe des 18. Jahrhunderts wieder aus ihrem Kreis aus.

Abgesehen von dem sparsamen Gebrauch, neu erhobenen Reichsfürsten die Reichsstandschaft zu verleihen, wurde die Zahl der weltlichen Reichsfürsten mit Reichsstandschaft dadurch begrenzt, daß der Augsburger Reichstag des Jahres 1582 beschlossen hatte, sie nicht weiterhin von dynastischen Zufällen abhängig zu machen. Das Aussterben eines fürstlichen Hauses führte von da an nicht mehr zu einer Verminderung; andererseits hatten Erbteilungen nicht mehr eine Vermehrung zur Folge. Die Reichsstandschaft wurde an das fürstliche Territorium gebunden: Im Falle des Untergangs einer Dynastie erwarb sie der neue Territorialherr, im Falle von Erbteilungen hatten sie die Erben gemeinsam inne.

Dies war vor allem von politischer Bedeutung in dem einzigen Organisationsrahmen, in dem sich die Reichsfürsten in der Frühen Neuzeit versammelten: im Reichsfürstenrat des Reichstages. Denn die verdinglichende Bindung der Reichsstandschaft an ein Territorium hatte zur Konsequenz, daß dieses die Basis für die Stimmberechtigung im Reichsfürstenrat bildete. Damit war zugleich die Zahl der Stimmen der weltlichen Reichsfürsten festgeschrieben. Wer Herr von mehr als

Reichsstandschaft und Territorium

Reichsfürstenrat des Reichstages

einem Reichsterritorium war, verfügte auch über mehr als eine Stimme im Reichsfürstenrat, so wie sich bei einem geistlichen Reichsfürsten die Zahl seiner Stimmen nach der Zahl seiner Bischofssitze mit Reichs- standschaft richtete.

Bündnisse

Zusammenschlüsse aller Reichsfürsten oder auch nur solche der geistlichen oder der weltlichen Reichsfürsten in Form von Fürstenver- einen oder Fürstentagen gab es nicht, wohl aber – abgesehen von Mili- tärbündnissen – regionalen Bedürfnissen oder politischen Zielsetzun- gen folgende, auf Zeit – nicht auf Dauer – angelegte Bündnisse, in die aber zumeist auch Mitglieder anderer reichsständischer Gruppen einbe- zogen waren wie z.B. Schwäbischer Bund (1488–1534), Schmalkal- discher Bund (1531–1547), Landsberger Bund (1556–1599), Union (1608–1621), Liga (1609–1635), Rheinbund (1658–1668), Deutscher Fürstenbund (1785–1790).

2.2.3. Reichsprälaten

Reichsäbte, Reichs- pröpste und Reichs- äbtissinnen

Zur Reichskirche gehörten neben den Erzbischöfen und Bischöfen auch die mit Reichsstandschaft ausgestatteten Reichsäbte, Reichspröp- ste und Reichsäbtissinnen, also die Vorsteher der reichsunmittelbaren Klöster und Kollegiatkapitel. Die Reichsmatrikel von 1521 zählte ins- gesamt 83 Reichsprälaten, von denen 1792 noch 40 genannt wurden. Zu diesen Reichsprälaten zu Beginn der Frühen Neuzeit gehörten 14 Äbtissinnen (Quedlinburg, Essen, Herford, Niedermünster in Regens- burg, Thorn/Maas, Obermünster in Regensburg, Kaufungen, Lindau, Gernrode, Buchau, Rottmünster, Heggbach, Gutenzell, Baindt) sowie die Deutschordensballeien Koblenz, Elsaß und Burgund, Österreich und An der Etsch, ferner der Deutschmeister und der Johannitermeister. Am Ende der Frühen Neuzeit waren von diesen nur noch die beiden Balleien Koblenz sowie Elsaß und Burgund bei den Reichsprälaten zu finden, während von den Äbtissinnen lediglich die von Kaufungen, 1527 säkularisiert von Hessen-Kassel, und Lindau, bereits 1466 gefür- stet, nicht mehr gezählt wurden. Die beiden anderen Balleien waren von Österreich mediatisiert, der Deutschmeister 1529, der Johanniter- meister 1548 in den Reichsfürstenstand erhoben worden. Somit verrin- gerte sich die Zahl der Reichsäbte und Reichspröpste während der Frü- hen Neuzeit von 63 auf 26.

Veränderungen

Die Gründe für diese Entwicklung waren Erhebungen in den Reichsfürstenstand, Säkularisationen, Mediatisierungen, Abtretungen an andere europäische Staaten oder auch Kombinationen dieser Vor- gänge im Laufe der drei frühneuzeitlichen Jahrhunderte. So wurden die Äbte und Pröpste von Fulda, Kempten, Weißenburg, Ellwangen, Mur-

bach-Lüders, Corvey, Stablo, Berchtesgaden und Prüm in den Reichsfürstenstand mit Sitz und Stimme im Reichsfürstenrat des Reichstages
erhoben und die Reichsabteien und -propsteien Hersfeld, Saalfeld, Walkenried, Maulbronn, Herrenalb und Königsbronn säkularisiert; land-
ständisch wurden z. B. Reichenau, St. Blasien, Riddagshausen, Selz, St.
Peter im Schwarzwald, eidgenössisch u. a. St. Gallen, Kreuzlingen,
Beckenried, Stein am Rhein, Schaffhausen und Einsiedeln.

Die Mehrheit der Reichsprälaturen lag im Südwesten des Heiligen Römischen Reiches, wo sich neben einer besonders engen Verbindung zum Römischen König und Kaiser auch ein besonders fester Zusammenhalt entwickelte. Nach dem Ende des Schwäbischen Bundes
im Jahre 1534 bildete sich bis 1575 das Schwäbische Reichsprälaten-   Prälatenkollegien
kollegium heraus, dem noch bis in die zweite Hälfte des 18. Jahrhunderts Reichsklöster beitraten, zuletzt 1782 Isny. In einer im 16. Jahrhundert entstandenen Sitzordnung – Zisterzienser vor Benediktinern
und Prämonstratensern –, die zugleich Reihenfolge bei der Stimmab-
gabe war, und mit einem ab 1575 gewählten Direktor an der Spitze
bildeten die schwäbischen Reichsprälaten eine geschlossene Gruppierung auf den Reichstagen. Als Schwäbische Prälatenbank verfügten
sie innerhalb des Reichsfürstenrates über eine gemeinschaftliche
Stimme, die als Kuriatstimme einer Virilstimme eines Reichsfürsten
entsprach. Neben der Schwäbischen gab es – ebenfalls mit einer Kuriatstimme ausgestattet – eine Rheinische Prälatenbank, zu der alle
nicht in Schwaben ansässigen Reichsabteien und -propsteien gehörten.
Ihre Mitglieder bildeten schon aufgrund ihrer weiter gestreuten geographischen Herkunft keinen so festen Zusammenschluß wie die
schwäbischen Reichsprälaten, die zur Behandlung ihrer eigenen Angelegenheiten wie zur Formulierung ihrer gemeinschaftlichen politischen Interessen regelmäßig Prälatentage abhielten. Ihr gegenüber den
übrigen Reichsprälaten weitaus größeres Gewicht kam nicht zuletzt in
der Tatsache zum Ausdruck, daß sie stets einen Vertreter in interständische Reichstagsausschüsse entsenden konnten. Mit dem Abt von
Weingarten stellten die schwäbischen Reichsprälaten für ihre gesamte
reichsständische Gruppe das in der Reichsexekutionsordnung von
1555 reichsrechtlich festgeschriebene ständige reichsprälatische Mitglied des Ordentlichen Reichsdeputationstages. Weingarten war bis
ins 18. Jahrhundert „das informelle administrative Zentrum" (A. v.
REDEN-DOHNA) des Schwäbischen Reichsprälatenkollegiums, auch
wenn es nicht immer dessen Direktor stellte.

2.2.4. Reichsgrafen

Die zahlenmäßig größte und unübersichtlichste reichsständische Gruppe war die der Reichsgrafen, also der Vertreter des Reichsadels, denen die Zusammenfassung ihres Besitzes zu einem Königslehen nicht gelang und damit nicht jener lehnrechtliche Verdichtungsprozeß, der die Voraussetzung für den Ausbau von Herrschaft über Land und Leute zur Landeshoheit im frühneuzeitlichen Territorialstaat bildete. Als letzter hatte Graf Eberhard V. im Bart nach der Wiederherstellung der Einheit seines württembergischen Landes erreicht, daß ihn König Maximilian I. im Jahre 1495 zum Herzog erhob und damit die größte Grafschaft des Heiligen Römischen Reiches Deutscher Nation als fürstliches Reichslehen anerkannte; durch die Vereinheitlichung der unterschiedlichen Besitzrechte wurde aus der Grafschaft Württemberg das Herzogtum. Gleichwohl haben die Reichsgrafen danach nicht darauf verzichtet, in ihren Grafschaften eine territorialstaatliche Entwicklung einzuleiten, die sie zu den Reichsfürsten vergleichbaren Landesherren machte und ihnen in Einzelfällen später die Erhebung in den Reichsfürstenstand einbrachte.

Zahlenmäßige Entwicklung in der Frühen Neuzeit

Insgesamt führte zu Beginn der Frühen Neuzeit die Wormser Reichsmatrikel 143 Grafen und Herren auf, von denen am Ende des 18. Jahrhunderts nur noch ein gutes Drittel unter den Reichsständen genannt wurde. Abgesehen von irrtümlichen Aufnahmen in die Reichsmatrikel von 1521 erloschen fast ein Drittel der reichsgräflichen Familien während der Frühen Neuzeit wie z.B. 1544 die Grafen von Hoorn, 1582 die von Lupfen, 1594 die von Zimmern oder 1673 die Herren von Rappoltstein. Die übrigen Verluste erklären sich überwiegend aus Mediatisierungen wie im Falle Löwensteins, Mansfelds oder Moers', oder aus Erhebungen in den Reichsfürstenstand wie in den Fällen der Grafen von Fürstenberg, Hohenzollern, Schwarzenberg, Schwarzburg, Ostfriesland, Waldeck oder Salm. Umgekehrt aber sorgten Erhebungen in den Reichsgrafenstand dafür, daß in der Liste der Reichsstände 1792 wieder fast 100 Namen verzeichnet waren, unter ihnen zahlreiche Personalisten wie Khevenhüller, Colloredo, Windischgrätz, Starhemberg, Wurmbrand, Pückler, Harrach oder Neipperg, die über kein reichsunmittelbares Land verfügten.

Angesiedelt waren die Reichsgrafen mehrheitlich in drei der „vier spätmittelalterlichen königsnahen Landschaften des Reiches" (P. MORAW), d.h. in Schwaben, Franken und im Gebiet am Mittelrhein und Main, sowie in Westfalen und am Niederrhein. Dort bildeten sie als korporative Zusammenschlüsse Grafenvereine zum Zweck der Wahrnehmung ihrer gemeinsamen Interessen nach innen und nach außen, insbesondere gegen die ausgreifenden Mediatisierungspläne der Reichsfürsten, und stimmten sich auf Grafentagen ab. Die Reichsgrafen aus Schwaben und aus der Wetterau waren die zahlenmäßig größten und geographisch geschlossensten Gruppierungen, was erklärt, daß sie sich auf den Reichstagen während der ersten Hälfte des 16. Jahrhunderts innerhalb des Reichsfürstenrates zu einer Schwäbischen und einer Wetterauer Grafenbank formierten. Mit beiden Bänken, denen sich die übrigen Reichsgrafen aus Franken, vom Niederrhein oder aus Westfalen zugesellten, war neben den reichsfürstlichen Viril- und den beiden reichsprälatischen Kuriatstimmen ebenfalls je eine Kuriatstimme verbunden. In interständische Reichstagsausschüsse entsandten die Reichsgrafen in der Regel einen Vertreter, in den Ordentlichen Reichsdeputationstag nach den Bestimmungen der Augsburger Reichsexekutionsordnung von 1555 stets den Grafen von Fürstenberg.

Die reichsgräflichen Kuriatstimmen verdoppelten sich, nachdem bis zum Regensburger Reichstag von 1640/41 auch die kleine Gruppe der fränkischen Reichsgrafen mit ihrem weit ins 16. Jahrhundert zurückreichenden Bemühen um eine solche Stimme erfolgreich waren und 1653/54 auf dem ersten Reichstag nach dem Westfälischen Frieden auch die niederrheinischen und westfälischen Reichsgrafen, die sich im Niederrheinisch-Westfälischen Reichsgrafenkollegium zusammenfanden. Am Ende des 18. Jahrhunderts (1792) bildeten die Grafen dieses jüngsten Zusammenschlusses mit 33 intern stimmberechtigten Mitgliedern die größte Gruppe, gefolgt von 25 wetterauischen, 24 schwäbischen und 17 fränkischen Reichsgrafen.

Dieser formale Erfolg der Reichsgrafen markiert ihre in der Mitte des 17. Jahrhunderts erreichte Stellung und ihre gewachsene Bedeutung innerhalb des Gesamtsystems des Heiligen Römischen Reiches. Sie beruhte vor allem auf ihren guten Beziehungen zum Kaiser als ihrem traditionellen Schutzherrn, dem sie sich durch den Eintritt in Hof-, Militär- und Verwaltungsdienste ebenso enger verbanden wie sie in Diensten des Reiches auf Dauer oder auf Zeit Funktionen am Reichskammergericht oder innerhalb des Reichsmilitärs ausfüllten. Diese Dienstaufnahmen erfolgten – wie die innerhalb der Reichskirche, bei weltlichen Reichsfürsten oder anderen europäischen Herrschern – oftmals aus wirtschaftlichen Gründen und waren zugleich Keimzellen für die Entstehung und Entwicklung von Klientelbeziehungen innerhalb des Reiches mit weitreichenden sozialen und politischen Konsequenzen für das Gesamtgefüge.

Grafenvereine, Grafentage, Grafenbänke

Kaiser- und Reichsdienste

2.2.5. Reichsstädte

Sonderstellung
unter den Reichs-
ständen

Im Heiligen Römischen Reich Deutscher Nation als einem überwiegend adeligen Personenverband nahmen die Reichsstädte eine rechtliche und politische Sonderstellung ein, die sich erst in der „Formierungsphase des frühneuzeitlichen Reichssystems" (H. SCHILLING) herauskristallisierte. Unter den Reichsständen bildeten sie die Gruppe, in der sich Reichsunmittelbarkeit und Reichsstandschaft nicht auf eine Einzelperson bezogen, sondern auf die Stadt als Ganzes, vertreten durch den Rat. Unter den Städten insgesamt waren sie rechtlich dadurch hervorgehoben, daß sie keinen anderen Herrn hatten als den Kaiser und im Zuge der Herausbildung des Reichstages an der Wende vom 15. zum 16. Jahrhundert dort ihre Mitgliedschaft sichern konnten. Staatsrechtlich waren sie den übrigen reichsständischen Territorien gleichgestellt.

Veränderungen in
der Frühen Neuzeit

Die Wormser Reichsmatrikel von 1521 führte – einschließlich des offensichtlich vergessenen Buchau am Federsee – 86 Reichsstädte auf, deren Reichsstandschaft aber bereits damals zu etwa einem Viertel nicht eindeutig feststand bzw. wie im Fall Göttingens nie gegeben war. 1792 wurden noch 51 Reichsstädte gezählt. Ihre große Mehrheit lag mit mehr als einem Drittel im Südwesten des Reiches, vor allem im Schwäbischen, und konnte – abgesehen von Konstanz (1548 österreichisch) und Donauwörth (1608 bayerisch) – ihre Reichsstandschaft bis zum Ende des 18. Jahrhunderts behaupten. Die übrigen Reichsstädte lagen vor allem in Franken (Nürnberg, Windsheim, Weißenburg, Rothenburg/Tauber, Schweinfurt), im Elsaß (Mülhausen und die zehn Städte der Landvogtei Hagenau [Dekapolis]), am Rhein (Straßburg, Speyer, Worms, Köln, Duisburg, Wesel), am Main (Frankfurt) und im Westfälischen (Dortmund, Soest, Brakel, Warburg, Lemgo, Herford). Von ihnen schieden in der zweiten Hälfte des 17. Jahrhunderts die Städte der Dekapolis (u. a. Colmar, Schlettstadt) aus, waren Metz, Toul und Verdun bereits 1552, endgültig 1648 an Frankreich gekommen, Saarburg 1661, Besançon 1674/79, Cambrai 1678, Straßburg 1681. Basel, Mülhausen im Elsaß und Schaffhausen gehörten de facto schon seit Anfang des 16. Jahrhunderts zur Schweizer Eidgenossenschaft, völkerrechtlich vom Westfälischen Frieden an. Nachdem mit Soest, Brakel, Warburg, Lemgo, Verden, Düren oder Herford einige Reichsstädte mediatisiert worden waren, reduzierte sich ihr Kreis am Ende des 18. Jahrhunderts auf 51, darunter als einzig neue Reichsstadt – gegenüber der Matrikel von 1521 – Bremen, dessen Reichsstandschaft erst im 17. Jahrhundert gefestigt wurde. Hamburgs Stellung als Reichsstadt wurde fast die gesamte Frühe Neuzeit hindurch von Dänemark bestritten und erst 1768 im Gottorper Vertrag endgültig festgestellt; seit 1770 konnte die alte Hansestadt schließlich ihren Sitz im Regensburger Reichstag unangefochten einnehmen. Bis auf Hamburg und Bremen sowie Lübeck, Frankfurt, Augsburg und Nürnberg wurden nach dem Reichsdeputationshauptschluß von 1803 alle anderen Reichsstädte mediatisiert.

Die Sonderstellung der Reichsstädte wird im übrigen auch dadurch unterstrichen, daß sie auf den Reichstagen neben den Kurfürsten die einzige reichsständische Gruppe waren, die eine eigene Kurie bildeten, den Reichsstädterat. Seine Herausbildung an der Wende vom 15. zum 16. Jahrhundert stand in engem Zusammenhang mit der Verfestigung des frühneuzeitlichen Reichstags. Die Bemühungen der Reichsstädte, in einen sich vom königlichen/kaiserlichen Gremium adeliger Ratgeber zu einer mehr und mehr ständisch geprägten obersten Reichsversammlung wandelnden Reichstag integriert zu werden, zielten auf Stand, Stimme und Session. Waren sie noch 1495 auf dem Wormser Reichstag unentschieden, ob sie sich überhaupt an den reichspolitischen Beratungen beteiligen sollten, so erhoben die Reichsstädte von den frühen 1540er Jahren an dieses Ziel zu ihrer wichtigsten Forderung. Ihren Anspruch leiteten sie aus ihrem unmittelbaren Treueverhältnis zum Römischen König und Kaiser ab, das sie – nach ihrem Verständnis – nicht nur zu Reichshilfe in Form von Steuern und Aufbringung von Militär verpflichtete, sondern auch zu Mitsprache und Ratschlag bei reichspolitischen Entscheidungen, zumal wenn sie wie bei Steuer- und Landfriedensfragen maßgeblich betroffen waren. Auch wenn sie es schon früher wahrgenommen hatten, wurde den Reichsstädten reichsrechtlich erst im Abschied des Augsburger Reichstages des Jahres 1582 ein „votum decisivum" zugestanden, das sie im Westfälischen Frieden bestätigt erhielten (Art. VIII, § 4, IPO). Auf Dauer gewählte Vertreter der Reichsstädte im 1555 eingerichteten Ordentlichen Reichsdeputationstag wurden Nürnberg und – erst im Augsburger Reichstagsabschied von 1559 benannt – Köln. Wie vorher in den beiden Reichsregimentern von 1500 und 1521 und in interständischen Reichstagsausschüssen stand ihre Mitgliedschaft nicht in Frage.

Aber wie die Reichsprälaten verfügten die Reichsstädte auf dem Reichstag nur über zwei Kuriatstimmen, und dadurch blieb ihnen – wie Reichsprälaten und Reichsgrafen – die volle Gleichberechtigung versagt. Entsprechend ihrer geographischen Verteilung innerhalb des Reiches bildeten sie eine von den schwäbischen und fränkischen Reichsstädten sowie von Regensburg gebildete Schwäbische Bank, die 1792 noch mit 37 Mitgliedern besetzt war, und eine Rheinische Bank, zu der

Reichsstädterat des
Reichstages

am Ende des 18. Jahrhunderts 14 Städte zwischen Aachen und Mühl-
hausen (Thüringen), Speyer und Lübeck gehörten.

Die politischen Aktivitäten gingen – wie auch bei anderen reichsständischen Gruppen zu beobachten – von den Reichsstädten der traditionell kaiser-/königsnahen Gebiete Schwaben, Franken und Rheinland
aus. Die Formulierung einer kontinuierlichen, korporativen Politik erfolgte maßgeblich durch sie, aber nicht nur im Rahmen des Reichsstäd-
Städtetage   terates, sondern auch vorbereitend und gleichzeitig auf dem Städtetag,
der sich ab 1471 entwickelte und etwa in dem halben Jahrhundert von
1495 bis 1545 in dichter Folge immer wieder zu Beratungen und Be-
schlußfassungen zusammentrat. Bemerkenswert für die reichsstädtische Geschlossenheit ist das Nebeneinander von Orten von höchst unterschiedlicher Größe sowie politischer und wirtschaftlicher Bedeutung. Neben den Vertretern großer Städte wie Köln oder Nürnberg, Lübeck oder Augsburg saßen die kleiner und kleinster Reichsstädte wie
Buchau oder Zell am Harmersbach.

2.3. Die anderen reichsunmittelbaren Stände

2.3.1. Reichsritter

Wie Reichsfürsten und Reichsgrafen so hatten auch die zum niederen
Reichsadel zählenden Reichsritter zu Beginn der Frühen Neuzeit ihre
weitgehend endgültige Ausformung gefunden. Anders als die zum hohen Reichsadel aufgestiegenen Reichsgrafen, die sich in ihren politischen Bestrebungen klar von ihnen unterschieden und sich bis in ihr
Heiratsverhalten deutlich von ihnen distanzierten, vermochten die
Kaiserlicher Schutz   Reichsritter keine Reichsstandschaft zu gewinnen und fanden keine
ohne Reichsstand-   Aufnahme in die Reichsmatrikel von 1521. Es gelang ihnen aber, sich
schaft   dem Zugriff ihrer Lehensherren und – wie die Reichsgrafen – den Ar-
rondierungsbestrebungen der Territorialfürsten zu entziehen und ihre
Reichsunmittelbarkeit zu behaupten. Wie die Reichsgrafen genossen
die Reichsritter den besonderen Schutz des Kaisers, blieben aber vom
Reichstag ausgeschlossen und wurden auch nicht in die Reichskreisverfassung einbezogen. Hatten sie sich zu ihrem eigenen Schutz bereits
im Spätmittelalter freiwillig in Ritterbünden zusammengeschlossen
(z. B. Gesellschaft mit St. Jörgenschild), so formierten sie sich in der ersten Hälfte des 16. Jahrhunderts in geschlossenen, quasi-territorialen
Organisationen und bildeten die Reichsritterschaft als Zwangsverband.
Sie war die Konsequenz aus der besonderen Stellung der reichsunmittelbaren, aber nicht reichsständischen Ritter zwischen Kaiser und Reich

einerseits, Reichsfürsten und sich entwickelndem Territorialstaat andererseits.

Das „Geburtsjahr der neuzeitlichen Reichsritterschaft" (V. PRESS) war das Jahr 1542, als sich die Reichsritter angesichts der bedrohlichen Türkengefahr seitens des Römischen Königs und Kaisers mit Steuerforderungen konfrontiert sahen, die ihnen gegenüber nicht über die Reichsmatrikel erhoben werden konnten, in der sie nicht aufgeführt waren. Außerhalb des von König bzw. Kaiser und Reichsständen maßgeblich geprägten Verfassungsrahmens mußten sie zur Bewahrung ihrer Rechte und Privilegien, der Erfüllung ihrer Pflichten gegenüber dem Kaiser wie der Zahlung eigener Steuern („Charitativsubsidien") und der Wahrnehmung ihrer Interessen eine Organisationsform finden, die sie zugleich den Zugriffsmöglichkeiten des Landesfürstentums entzog und ihnen die Behauptung ihrer adeligen Autonomie weitgehend ermöglichte. *Die Bedeutung des Jahres 1542*

Von der Mitte des 16. Jahrhunderts an organisierte sich die Reichsritterschaft in insgesamt 15 Ritterorten, die mit einer Ausnahme drei Ritterkreisen zugeordnet waren. Von diesen Ritterorten, die – dem Vorbild der Schweizer Eidgenossenschaft folgend – seit dem 17. Jahrhundert als Kantone bezeichnet wurden, gehörten sechs (Odenwald, Gebürg, Rhön-Werra, Steigerwald, Altmühl, Baunach) zum Fränkischen Ritterkreis, fünf (Donau, Hegau-Allgäu-Bodensee, Neckar-Schwarzwald einschließlich Ortenau, Kocher, Kraichgau) zum Schwäbischen Ritterkreis und drei (Oberrhein, Mittelrhein, Niederrhein) zum Rheinischen Ritterkreis, während die Niederelsässische Reichsritterschaft als 15. Kanton eine selbständige Sonderstellung einnahm. Zwar gab es von 1577 an mit „Generalkorrespondenztagen" auch Zusammenkünfte der gesamten Reichsritterschaft, aber die Ritterkreise und vor allem die Ritterkantone waren entsprechend der starken geographisch-landschaftlichen Verankerung der Reichsritter weitaus bedeutender. Nicht zuletzt die komplizierten territorialen Verhältnisse vor Ort erforderten insbesondere eine organisatorische Ausgestaltung der Kantone u. a. in Rittertagen, Führungsämtern und Verwaltungsinstitutionen, um die gestellten Aufgaben in Konkurrenz mit Reichsfürsten und Reichsgrafen effektiv erfüllen und sich behaupten zu können. *Organisation der Reichsritterschaft*

Infolge zahlloser Indienstnahmen durch Kaiser und Reich, Reichsfürsten und Reichskirche gewannen sie zugleich weite Betätigungsfelder und einen unübersehbaren Einfluß in Militär und Verwaltung, an Höfen und Gerichten, in kirchlichem und diplomatischem Dienst. Die aus dem Westerwald stammende reichsritterschaftliche Familie Schönborn ist dafür ein herausragendes Beispiel. *Kaiser- und Reichsdienste*

2.3.2. Reichsdörfer

Der Westfälische Friede von 1648 anerkannte neben den Reichsständen
und der Reichsritterschaft auch noch die zahlenmäßig schwindende
Gruppe der reichsunmittelbaren Dörfer (Art. V, § 2, IPO). Diese auf
ehemaligen Krongütern gelegenen Landgemeinden, die Überbleibsel
der im 15. Jahrhundert endgültig aufgelösten Reichslandvogteien waren, wußten sich als Reichshöfe, Reichsflecken oder sog. Freie Leute
mit Selbstverwaltung und niederer, zum Teil auch hoher Gerichtsbarkeit zu behaupten und unterstanden lediglich Kaiser und Reich. Von
den ursprünglich einmal ca. 120 urkundlich nachgewiesenen Reichs-
dörfern in Franken, Schwaben, am Ober- und Niederrhein, in Westfalen
und im Elsaß gab es 1803 noch fünf, die infolge des Reichsdeputationshauptschlusses mediatisiert wurden. Es waren dies Gochsheim und
Sennfeld bei Schweinfurt, die Freien Leute auf der Leutkircher Heide
im Allgäu, Soden (Taunus) und Sulzbach bei Frankfurt am Main. Er-
mahnt, die Reichsunmittelbarkeit zu achten, übten benachbarte Reichsstände auf kaiserliche Weisung hin in der Regel den Schutz der Reichsdörfer aus; einige verfügten auch über Schutzbriefe des Reichskammergerichts.

Reichsunmittel-
barkeit ohne Reichs-
standschaft

C. Reichsverfassung und Reichspolitik

1. Reichstag

Nirgendwo im frühneuzeitlichen Heiligen Römischen Reich Deutscher Nation waren „Kaiser und Reich" so konkret greifbar wie im Reichstag. Hier begegneten sich Römischer König/Kaiser und die Gesamtheit der Reichsstände ganz unmittelbar, auch wenn sie sich von der Zeit Karls V. an zunehmend durch Gesandte, Räte und Kommissare vertreten ließen, der Reichstag vom letzten Drittel des 17. Jahrhunderts an zum Gesandtenkongreß wurde, auf dem der Prinzipalkommissar den Kaiser repräsentierte. Der Reichstag war das bedeutendste und – zusammen mit dem Reichskammergericht und den Reichskreisen – dauerhafteste Ergebnis der sogenannten Reichsreform an der Wende vom 15. zum 16. Jahrhundert. In den Anfangsjahren der Regierungszeit Maximilians I. verfestigte er sich im Zuge des Ringens um eine stärker monarchisch-zentralistische oder stärker ständisch-föderalistische Ausgestaltung des Reiches zu dessen oberster Rechts- und Verfassungsinstitution, ohne daß es dafür eine gesetzliche Grundlage oder einen formalen Einsetzungsakt gegeben hätte. Er entwickelte sich zeitweise zum wichtigsten, nicht zu umgehenden Ort reichspolitischen Geschehens und – trotz der tiefgreifenden konfessionellen Gegensätze seit der Zeit Karls V. – zum Garanten der Einheit des Heiligen Römischen Reiches über drei Jahrhunderte hinweg.

Versammlung von König/Kaiser und Reichsständen seit dem Ende des 15. Jahrhunderts

Der frühneuzeitliche Reichstag trat bis 1653/54 als nicht permanent tagende oberste reichsständische Versammlung in wechselnden Reichsstädten zusammen. Er bestand – auch wenn es u. a. 1668, 1670, 1687 und 1741 Debatten über seine Beendigung gegeben hat – von 1663 an als Immerwährender Reichstag in Regensburg, ohne daß die Permanenz beschlossen worden wäre. Das Recht, ihn einzuberufen, hatte allein der Römische König und Kaiser, der von der Wahlkapitulation Karls V. von 1519 an aber verpflichtet war, vor Versendung seiner Einladungsschreiben („Ausschreiben") die Zustimmung der Kurfürsten einzuholen. Mit ihnen verständigte er sich in der Praxis auch über Tagungsort und -termin sowie die wichtigsten Beratungsgegenstände. Der Römische König/Kaiser hatte zudem das Recht, die Tagesordnung in Form einer „Proposition" festzulegen, wobei er kaum Einfluß auf die einzelnen Themen, wohl aber auf die Reihenfolge ihrer Behandlung

Einberufungs- und Propositionsrecht

nehmen konnte. Nur mit Hilfe von Supplikationen war es neben den Reichsständen jedermann möglich, die Tagesordnung indirekt zu erweitern.

Nichtpermanenter und Immerwährender Reichstag

In der Zeit des nichtpermanenten Reichstages von 1495 bis 1653/ 54 hat es – je nach Definition im Einzelfall – zwischen 40 und 45 Reichsversammlungen dieser Art gegeben, die fünf Wochen (1522 in Nürnberg) und mehr oder bis zu zehn Monate (1547/48 in Augsburg) dauern konnten. Kaum ein Reichstag begann zum vorgesehenen Zeitpunkt; die Verzögerungen konnten sich über wenige Tage oder mehrere Wochen erstrecken. Tagungsorte waren von der Mitte des 16. Jahrhunderts an – bis auf eine Ausnahme – nur noch Augsburg und Regensburg, das dann ab 1663 ständiger Sitz des Reichstages wurde, sieht man von wenigen kurzzeitigen Auslagerungen wie der von 1713 wegen der in Regensburg wütenden Pest nach Augsburg und von der Regierungszeit Kaiser Karls VII. ab, der ihn in Frankfurt am Main versammelte. Zu Zeiten Maximilians I. und Karls V. trat er auch in Worms, Lindau, Freiburg, Nürnberg, Köln, Konstanz, Trier und in Speyer zusammen, wohin ihn Kaiser Maximilian II. letztmalig 1570 einberief.

Reichsabschiede und Reichsschlüsse

Wie der nichtpermanente Reichstag – sieht man von Zeremoniellem ab – mit dem Vortrag der kaiserlichen Proposition begann, so endete er mit Verlesung und Beurkundung des Reichsabschiedes, der Zusammenfassung aller Beschlüsse, über die sich Kaiser und Reichsstände geeinigt hatten. Lediglich der Regensburger Reichstag des Jahres 1613 ging ohne formalen Reichsabschied auseinander. Jeder Reichsabschied dokumentierte den für ständestaatliche Gebilde ebenso charakteristischen wie unbedingt notwendigen Konsens zwischen Kaiser und Reichsständen und hatte reichsgrundgesetzliche Bedeutung. Die Reihe der ca. 40 Reichsabschiede fand ihren Abschluß mit dem sog. Jüngsten Reichsabschied („Recessus Imperii Novissimus") des Regensburger Reichstages von 1653/54, der die Aufgabe hatte, die 1648 bei den Friedensverhandlungen von Münster und Osnabrück zurückgestellten Materien („negotia remissa") abschließend zu behandeln; dies ist ihm allerdings nur in Form einer „abgebrochene[n] Verfassungsreform" (G. OESTREICH) gelungen. Der von 1663 bis 1806 tagende Reichstag konnte, eben weil er zu keinem Zeitpunkt förmlich beendet wurde, keinen Reichsabschied erarbeiten. Seine Beschlüsse kamen in Form von einzelnen Reichsschlüssen zustande, die das Ergebnis der Ratifikation der von den Reichsständen vorgelegten Reichsgutachten durch den Kaiser waren; diese erfolgte in der Regel über dessen ständigen Vertreter im Reichstag, den Prinzipalkommissar, mittels eines „Kaiserlichen Commissions-Decrets".

Reichsabschiede und Reichsschlüsse spiegeln die ganze Breite der politischen Themen, mit denen sich der Reichstag zu befassen hatte, eine Fülle von Problemen, zu denen im Konsens zwischen Kaiser und Reich Lösungen gefunden werden mußten. Sie betrafen die zentralen Fragen des Auf- und Ausbaus von Regierung (Regiment), Verwaltung, Justiz und Militär auf Reichsebene, der Erhaltung und Wiederherstellung des Landfriedens, der Regelung des friedlichen Nebeneinanders verschiedener christlicher Konfessionen, der Erklärung von Krieg und Frieden, der Finanzierung von Reichsinstitutionen und Reichsunternehmungen und der Gestaltung des Wirtschaftslebens. So sind in Reichsabschieden und Reichsschlüssen u. a. die beiden Regimentsordnungen Maximilians I. und Karls V. (1500, 1521) enthalten, die Reichskammergerichtsordnung (1495) und ihre zahlreichen Neufassungen (1521, 1548, 1654), die sog. „Reichskriegsverfassung" in sechs Reichsschlüssen (1681/82), der Ewige Landfriede (1495), die Reichsexekutionsordnung (1555), Augsburger Interim (1548) und Augsburger Religionsfriede (1555), die Reichsmatrikel (1521), Reichspolizeiordnungen (1530, 1548), die Reichsmünzordnung (1559) oder die Reichshandwerksordnung (1731). Die Beschlüsse der Reichstage durchziehen Entscheidungen zur Täuferbewegung (Wiedertäuferreich zu Münster), zu den Grumbachschen Händeln, zur Türkengefahr, zu den von den aufständischen Niederlanden und den Hugenottenkriegen ausgehenden Bedrohungen, zur Réunionspolitik des französischen Königs Ludwig XIV., zu Friedensschlüssen, zur Moderation der Reichsmatrikel, zu Münz-, Zoll- und Handelsfragen u. a.

Die politischen Themen der Reichstage

Alle Reichstagsbeschlüsse waren Ergebnisse eines komplizierten Beratungs- und Entscheidungsverfahrens, das sich aus dem Zusammenfinden der Reichsstände in den drei Kurien des Kurfürsten-, Reichsfürsten- und des Reichsstädterates ergab. Die Leitung des Kurfürstenrates hatte der Kurfürst von Mainz, die des Reichsfürstenrates übten täglich alternierend der Erzherzog von Österreich und der Erzbischof von Salzburg aus, und im Reichsstädterat lag sie in Händen des jeweiligen Tagungsortes. Die Gesamtleitung des Reichstages, das Reichsdirektorium, hatte ebenfalls der Mainzer Kurfürst inne. Nach der einvernehmlichen oder durch Mehrheitsabstimmung erreichten Konsensfindung in den einzelnen Kurien erfolgte der Austausch der Beratungsergebnisse zwischen ihnen (Re- und Korrelationsverfahren) mit dem Ziel, dem Kaiser einen gemeinsamen reichsständischen Beschluß zu präsentieren. Dabei war die Abstimmung zwischen Kurfürsten- und Reichsfürstenrat entscheidend, das Votum des Reichsstädterates – sofern es von den beiden anderen Kurien überhaupt zur Kenntnis genom-

Arbeitsweise und Beschlußfassung

men wurde – von untergeordneter Bedeutung. Fand der gemeinsame Beschluß der Reichsstände die Zustimmung des Kaisers, konnte er in den Reichsabschied aufgenommen werden.

Aber angesichts der seit Beginn des 16. Jahrhunderts komplizierter gewordenen reichspolitischen Probleme gestaltete sich die Beschlußfassung zunehmend schwieriger und machte die Einrichtung von sehr verschiedenen, keineswegs auf allen Reichstagen immer gleichen Ausschüssen erforderlich. Diese konnten von den einzelnen Kurien des Reichstages als innerkuriale Ausschüsse eingesetzt werden oder wurden als interständische Ausschüsse mit Vertretern aller reichsständischen Gruppen der drei Kurien tätig. Dem Ziel der Konsensfindung galten zudem die Bildung gemeinsamer Ausschüsse mit kaiserlichen und reichsständischen Vertretern. Generell hatten alle durch großen Formenreichtum gekennzeichneten Ausschüsse lediglich beratende und Entscheidungen vorbereitende Funktionen und traten nur während der Tagungsdauer eines Reichstages zusammen. Abgesehen von den interständischen Supplikations- und den Redaktionsausschüssen für den Reichsabschied wurden alle Ausschüsse auf jedem Reichstag stets nach den jeweiligen Erfordernissen neu eingesetzt.

Mitglieder der Ausschüsse waren nur in Ausnahmefällen die Reichsstände persönlich, sondern in der Regel deren Räte und Gesandte, d.h. Fachleute mit der von den Beratungsgegenständen abverlangten Kompetenz. Seit der ersten Hälfte des 16. Jahrhunderts bildete

sich zunehmend eine mit den Reichsangelegenheiten besonders gut vertraute Elite und Gruppe von Reichspolitikern heraus, die über alle ständischen Grenzen hinweg Ansehen und Einfluß genoß. Sie waren aufgrund ihrer fachlichen Kompetenz maßgeblich an der Ausgestaltung der politischen Partizipationsmöglichkeiten der Reichsstände beteiligt und mit dafür verantwortlich, daß die konfessionellen Gegensätze das Reich nicht spalteten.

Die im Laufe des 16. Jahrhunderts verfestigte Organisationsstruktur des Reichstages – ablesbar an Schriften wie „Ausführlicher Bericht, wie es uff Reichstägen pflegt gehalten zu werden" von 1569 – erfuhr lediglich in der Mitte des 17. Jahrhunderts eine wichtige Veränderung. Infolge der Bestimmung des Westfälischen Friedens, wonach in Religionsangelegenheiten, aber auch in allen anderen politischen Fragen, nicht das Mehrheitsprinzip, sondern nach getrennten Beratungen der katholischen und der evangelischen Reichsstände („itio in partes") die freundliche Verständigung („amicabilis compositio") Anwendung finden sollte (Art. V, § 52, IPO), konstituierten sich 1653 auf dem Regensburger Reichstag das *Corpus Evangelicorum* und danach das *Corpus*

Catholicorum. Während das organisatorisch gefestigtere *Corpus Evangelicorum* als Vereinigung aller lutherischen und reformierten Reichsstände von den Kurfürsten von Sachsen angeführt wurde – auch als diese 1697 mit Friedrich August I. (August der Starke) katholisch geworden waren –, stand der Kurfürst von Mainz an der Spitze der katholischen Reichsstände im erst später so bezeichneten *Corpus Catholicorum.* Reichsrechtlich nicht zwingend vorgeschrieben, entfalteten die beiden *Corpora* als gleichberechtigte Verhandlungspartner unterschiedliche Aktivitäten, wobei das *Corpus Catholicorum* schon deshalb von geringerem politischem Gewicht blieb, weil die Kaiser katholisch waren. Allein die Möglichkeit ihrer Einberufung war von größter Bedeutung, machte sie doch immer wieder – und gleichsam drohend – deutlich, daß die Reichsstände über Konfessionsgrenzen hinweg zur Konsensfindung in letztlich allen reichspolitischen Fragen verpflichtet waren, um den Bestand des Heiligen Römischen Reiches Deutscher Nation nicht zu gefährden.

2. Reichskreise

Neben dem Reichstag waren bis zum Ende des 18. Jahrhunderts die Reichskreise die Institutionen, durch die die Reichsverfassung besonders wirksam blieb. Als eines der bedeutendsten Ergebnisse der reichsreformerischen Bemühungen an der Wende vom 15. zum 16. Jahrhundert standen sie in der Tradition spätmittelalterlicher Landfriedenspolitik, die über die Einteilung des unübersehbar großen Reiches in kleinere Einheiten – Zirkel, Kreise etc. – den Erfolg suchte und dabei vor allem auf geographisch-landschaftliche Zusammengehörigkeit der Mitglieder baute. Die Wahrung des Landfriedens im Reich gehörte auch in der Frühen Neuzeit zu den wichtigsten Aufgaben der in den Jahren 1500 und 1512 gebildeten Reichskreise, aber sie stand nicht am Anfang der Geschichte der frühneuzeitlichen Reichskreisverfassung.

Ergebnis der „Reichsreform"

Den Beginn markiert im Zusammenhang mit der Schaffung des ersten Reichsregimentes auf dem Augsburger Reichstag des Jahres 1500 die Bildung von sechs Reichskreisen als Wahlbezirke: Neben den sechs Kurfürsten und den reichsständischen Gruppen der geistlichen und weltlichen Reichsfürsten, der Reichsprälaten und Reichsgrafen, die je ein Mitglied des Reichsregiments bestellten, sowie neben den Reichsstädten und den habsburgischen Erblanden, die je zwei Mitglieder entsandten, sollten aus eigens formierten „Kreyß[en] und Cir-

Sechs Reichskreise als Wahlbezirke

kel[n]" je eine Person „von der Ritterschafft, Doctorn oder Licentiaten [...] genommen" werden. Diese lediglich mit Ordnungszahlen versehenen Reichskreise setzten sich aus Reichsständen aller Gruppen – mit Ausnahme der Kurfürsten – zusammen, die in einem mehr oder weniger geschlossenen Gebiet des Reiches beheimatet waren: fränkischer, bayerischer, schwäbischer, oberrheinischer, niederrheinisch-westfälischer und sächsischer Raum.

Abgesehen davon, daß auch in der Regimentsordnung Karls V. von 1521 auf diese Kreiseinteilung zurückgegriffen wurde, bediente man sich ihrer von den Beschlüssen des Konstanzer Reichstages des Jahres 1507 an auch zur Rekrutierung der Beisitzer des Reichskammergerichts: Von den 16 Assessoren sollten die Kurfürsten je einen benennen, der Römische König für Österreich und Burgund zwei und die im Jahre 1500 gebildeten sechs Reichskreise ebenfalls je einen; indem die beiden übrigen Beisitzer Grafen und Herren sein sollten, die auf Vorschlag der Stände aller sechs Kreise vom Reichstag zu wählen waren, wurde die Hälfte der Assessoren des Reichskammergerichts mit Hilfe der Reichskreise benannt. Ihre starke Berücksichtigung änderte sich auch nicht, als z. B. die Kammergerichtsordnung von 1555 die Zahl der Beisitzer auf 24 festlegte und bestimmte, daß jeder der sechs Reichskreise zwei bestellen sollte, je einen studierten Juristen und einen Vertreter der Ritterschaft. Ebenso beinhalteten die Präsentationsbestimmungen des Westfälischen Friedens, der die Zahl der Beisitzer auf 50 erhöht hatte, und des Jüngsten Reichsabschieds die Reservierung der Hälfte der Assessorenstellen für die Reichskreise, wobei zugleich die konfessionsparitätische Besetzung des Reichskammergerichts – wie aller übrigen Reichsfunktionen – zu beachten war. Während Fränkischer, Schwäbischer, Oberrheinischer und Niederrheinisch-Westfälischer Reichskreis als gemischt-konfessionell galten, waren aus dem Bayerischen nur katholische Beisitzer, aus dem Sächsischen nur solche zu präsentieren, die der *Confessio Augustana* angehörten.

Neben die sechs Reichskreise als geographische Wahlbezirke, die zunächst lediglich über ihre reichsständischen Mitglieder beschrieben wurden und sich nicht als Wahlkörper konstituierten, traten mit dem Kölner Reichstagsbeschluß von 1512 vier weitere Reichskreise. Mit ihnen wurden auch die habsburgischen Erblande – Österreichischer und Burgundischer Reichskreis – und die Kurfürstentümer – Kurrheinischer und Obersächsischer Reichskreis – mit in die Kreisverfassung des Heiligen Römischen Reiches Deutscher Nation einbezogen. Dies hatte hinsichtlich der Kreiseinteilung Auswirkungen nur auf den alten Sächsischen Reichskreis, der unter Abtretung von Reichsständen an den

Marginalien:
Reichskreise und Reichskammergericht

Die Schaffung der zehn Reichskreise 1512

neuen Obersächsischen zum Niedersächsischen Reichskreis wurde (außer in seiner Funktion als Wahlbezirk). Außerhalb der Kreisverfassung
blieben auf Dauer das Kurfürstentum und Königreich Böhmen mit seinen Nebenländern Schlesien, Lausitzen, Mähren, das Gebiet der
Schweizer Eidgenossenschaft, der Deutsche Orden, die gesamte
Reichsritterschaft, die italienischen Reichslehen und einige Reichsgrafschaften und -herrschaften wie Jever, Kniphausen oder Mömpelgard.
Vom Umfang her entsprach das Gebiet der Reichskreise somit dem der
Reichsstände auf dem Reichstag.

Diese zweite Einteilung des Reiches in Kreise sollte – wie in vor-
neuzeitlichen Konzepten – der Aufrechterhaltung und Wiederherstellung des Landfriedens dienen, der mit der Verkündung des Ewigen Landfrieden
Landfriedens 1495 in Worms eine neue Qualität erlangt hatte. Doch
dieser Aufgabe wurden die zehn Reichskreise erst allmählich gerecht,
nicht sofort, wie es Kaiser Maximilian I. angesichts der vielfältigen Unruhen unter den Bauern, im niederen Reichsadel und auch in den Städten im zweiten Jahrzehnt des 16. Jahrhunderts angestrebt hatte. Es bedurfte erst einer erneuten Funktionszuweisung und Inpflichtnahme
durch die Landfriedensordnung des Wormser Reichstages von 1521
und einer Exekutionsordnung des Reichsregimentes von 1522, die die
Reichskreise in unterschiedlicher Weise veranlaßten, die institutionellen Voraussetzungen zur Bewältigung der ihnen übertragenen Aufgaben zu schaffen.

Im Zusammenhang mit den von den Türken ausgehenden Bedrohungen nach der ersten Belagerung Wiens durch sie im Jahre 1529 nahmen die Reichskreise Konturen einer Organisation an, in deren Mittel- Kreisorganisation
punkt der Kreistag als Beratungs- und Beschlußgremium stand, gebil-
det von den Mitgliedern eines jeden Kreises. Sie verfügten alle – unab-
hängig von ihrer Zugehörigkeit zu verschiedenen reichsständischen
Gruppen – über je eine Stimme und bestellten die Funktionsträger ihres
jeweiligen Reichskreises: Kreishauptmann (Kreisoberst), Zugeordnete
(Räte), Nachgeordnete (Vertreter des Kreishauptmanns), Personal für
Kanzlei, Kasse und Archiv, ggf. die Führung für das Kreismilitär u. a.
Einladende für die Kreistage waren in jedem Reichskreis die vornehm-
sten Reichsfürsten, die als sog. kreisausschreibende Fürsten das wichtigste Kreisamt bekleideten. In der Mehrzahl der Reichskreise gab es
zwei dieser Amtsträger – je einen geistlichen und einen weltlichen
Reichsfürsten z. B. im Schwäbischen Reichskreis (Bischof von Kon-
stanz, Herzog von Württemberg) –, in den übrigen nur einen, z. B. den
Kurfürsten von Mainz im Kurrheinischen Reichskreis.

Die zehn Reichskreise entwickelten von den 1530er Jahren an ihr sie charakterisierendes Eigenleben, das wesentlich von der Zahl und Art ihrer Mitglieder geprägt wurde. Während sich einige Kreise aus weniger oder nur etwas mehr als zehn Reichsständen zusammensetzten (Burgundischer, Österreichischer, Kurrheinischer), gehörten zu den übrigen mehr als 20 (Fränkischer, Bayerischer, Niedersächsischer), mehr als 40 (Obersächsischer), mehr als 50 (Niederrheinisch-Westfälischer), mehr als 70 (Oberrheinischer) oder gar mehr als 100 (Schwäbischer). Von der Stärke einzelner reichsständischer Gruppen hing ab, in wieviel Bänke sich die Kreistage gliederten. Besonders vielfältig zersplitterte Reichskreise wie der Schwäbische, aber auch der Oberrheinische oder der Fränkische entwickelten sich mehr zu eigenständigen Selbstverwaltungskörpern als solche Reichskreise, die von mächtigen Territorialfürsten dominiert wurden wie den Habsburgern im Österreichischen und Burgundischen Reichskreis oder von den Kurfürsten im Kurrheinischen und Obersächsischen Reichskreis. Zusätzlich wirkte sich aus, wenn ein Reichsfürst – wie etwa der Kurfürst von Brandenburg – mit zahlreichen Territorien Mitglied mehrerer Reichskreise war und seine landesherrlichen Interessen über die der Kreise stellte, indem er z. B. nicht bereit war, seine Militärmacht aufzuteilen und verschiedenen Kreiskontingenten zuzuführen.

Die Ausgestaltung der Reichskreise zu Institutionen der Reichsverfassung, die in den 1530er Jahren eingeleitet worden war, fand im wesentlichen mit der Verabschiedung der Reichsexekutionsordnung von 1555 ihren Abschluß. Nach ihren Bestimmungen fiel ihnen in einem mehrfach abgestuften Verfahren die zentrale Rolle bei der Wiederherstellung des Landfriedens zu. Mangels eines Instrumentariums zur Abwehr äußerer Gefahren erhielten die Reichskreise von der zweiten Hälfte des 16. Jahrhunderts an dann auch sukzessive die Aufgabe, die Verteidigung des Reiches nach außen wahrzunehmen. Sie hatten nach der 1681/82 vom Reichstag beschlossenen sog. „Reichskriegsverfassung" über ihre unterschiedlich großen Kreiskontingente für den Fall eines Reichskrieges das Reichsheer zu bilden. Es sollte mindestens aus 40 000 Mann (12 000 zu Pferd, 28 000 zu Fuß) bestehen, von denen der Österreichische Reichskreis mit ca. 20% den mit Abstand größten Teil zu stellen hatte. Die Habsburger akzeptierten dies nur unter der Bedingung, daß sie ihre Truppen – je nach Lage – im Zusammenwirken mit der Reichsarmee oder auch getrennt von ihr einsetzen durften. Die Mehrzahl der Reichskreise hatte je ca. 10% aufzubringen, der Fränkische und der Bayerische Reichskreis mit 7,2 bzw. 5,7% den geringsten Anteil. In jedem Reichskreis war eine Kreiskriegskasse einzurichten, die die Ausgaben für Verpflegung, Besoldung, Bewaffnung und Ausrüstung der jeweiligen Kreiskontingente zu bestreiten hatte, während eine Reichskriegskasse u. a. für Artillerie und Geniekorps sowie für Besoldung und Unterhaltung der militärischen Führung der Reichsarmee zuständig war. Auch wenn diese Reichsgeneralität nicht unter Mitwirkung der Reichskreise, sondern zentral mittels Reichstagsbeschlusses bestellt wurde, wurden die Reichskreise in den Reichskriegen des 18. Jahrhunderts (Spanischer Erbfolgekrieg 1702–1714, Polnischer Thronfolgekrieg 1734/35, Siebenjähriger Krieg 1757–1763, Erster und Zweiter Koalitionskrieg 1793–1801) zur entscheidenden Ebene für das Reichsmilitärwesen.

Außer auf diesen Gebieten entwickelten die Reichskreise bis zum Ende des Alten Reiches besondere Aktivitäten im Zusammenhang der Problembereiche „Reichsmünze", „Moderation der Reichsmatrikel", „Handel und Gewerbe" und „Innere Ordnung" (im Sinne der frühneuzeitlichen Polizeiordnungen). Dabei kam es bereits seit der Mitte des 16. Jahrhunderts auch zur Zusammenarbeit zwischen mehreren oder gar allen Reichskreisen, zu intercircularen Versammlungen oder Reichskreistagen als Zusammenkünften von Vertretern einiger oder aller Reichskreise. Der Reichskreistag mit der Tendenz, sich eine Gesamtzuständigkeit für alle Reichsangelegenheiten in Konkurrenz zum Reichstag anzueignen – wie er im Herbst 1554 in Frankfurt am Main getagt hatte –, konnte sich zwar nicht durchsetzen, da die mächtigeren Reichsstände nicht bereit waren, sich durch Repräsentanten ihres Kreises vertreten und sich ihre direkte Einflußnahme auf reichspolitische Entscheidungen nehmen zu lassen, aber als Reichsmoderationstage (1544–1577) oder als Reichsmünztage (1549–1571), also als Versammlungen, die spezieller fachlicher Kompetenz bedurften, behielten sie eine gewisse Bedeutung.

An ihre Stelle traten in der zweiten Hälfte des 16. Jahrhunderts Ordentliche Reichsdeputationstage. Im Rahmen der Reichsexekutionsordnung 1555 geschaffen, hatten sie zunächst eine genau festgelegte Aufgabe im Zusammenhang mit der Wiederherstellung des Landfriedens. Die Erweiterung von 16 auf 20 feststehende Mitglieder aus allen reichsständischen Gruppen – analog zur Zusammensetzung der Reichsregimenter mit Verstärkung des reichsfürstlichen Elements, aber ohne kaiserliche Vertreter – im Speyerer Reichsabschied von 1570 stellte sicher, daß jeder Reichskreis durch mindestens einen Kreisstand vertreten war; und dies galt erst recht, als der Jüngste Reichsabschied von 1654 die Zahl der Mitglieder auf 28 erhöhte, um zugleich dem Gebot der konfessionsparitätischen Besetzung gemäß dem Westfälischen Frieden zu genügen.

Andere Aufgaben

Reichskreistage

Ordentliche Reichs-deputationstage

Beratungsgegen-
stände der
Deputationen

Außer mit Exekutionsfragen und Landfriedensproblemen befaß-
ten sich die Ordentlichen Reichsdeputationen ab 1564 auch mit Fragen
der Reichsmünze, Reichsmatrikel, Reichspolizeiordnung, Reform und
Visitation des Reichskammergerichts. Ihre Beschlüsse erlangten in einigen Fällen die rechtliche Wirkung von Reichsabschieden; die bis zum
Ende des Alten Reiches gültige Reichspolizeiordnung war das Ergebnis eines Frankfurter Reichsdeputationstages von 1577. Mit der Durchsetzung des Immerwährenden Reichstages verlor die Ordentliche
Reichsdeputation ihre Funktion als zwischen den Reichstagen zusam-
mentretende, die Reichskreise einbindende reichsständische Versammlung, nachdem sie 1641, 1653/54 und 1655–1662 ohne Erfolg geblieben war. Erhalten blieben vom Reichstag einzusetzende außerordent-
liche Reichsdeputationen, die formal weniger klar und einheitlich festgelegt waren. Der Reichsdeputationshauptschluß von 1803 stellt ihr be-
deutsamstes Arbeitsergebnis dar.

Kreisassoziationen

Das Zusammenwirken mehrerer Reichskreise zeigte sich nach dem
Westfälischen Frieden am deutlichsten in jenen Kreisassoziationen, die
sich unmittelbar aus der zentralen Rolle der Reichskreise in der Reichskriegsverfassung ergaben und geeignet waren, deren Defizite auszuglei-
chen. In den Zeiten der von Türken und Franzosen ausgehenden Bedrohungen des Reiches gewannen sie als Laxenburger Allianz (1682), Augsburger Allianz (1686), Nürnberger (1691/92), Frankfurter (1697) oder
Nördlinger Assoziationen (1702) und darüber hinaus in weiteren Kreisassoziationen (1727, 1733) und neuen Versuchen ihrer Begründung bis
in die 1740er Jahre hinein eine große Bedeutung für den Zusammenhalt
des Reiches insbesondere in den sog. „Vorderen Reichskreisen" (Kurrheinischer, Fränkischer, Schwäbischer, Oberrheinischer). Zugleich bo-
ten sie dem Kaiser, der ohne Rechte in den Reichskreisen war, über den
Österreichischen Reichskreis doch die Möglichkeit, zunehmenden Einfluß auf sie zu nehmen und ihnen den notwendigen Rückhalt zu geben.
Aus dieser Nähe und Verbindung von Kaiser und Vorderen Reichskreisen, die ohne dominierenden armierten Reichsfürsten bestanden, entwickelte sich die Vorstellung vom Vorderen Reich als dem eigentlichen
Heiligen Römischen Reich des 18. Jahrhunderts.

3. Reichskammergericht und Reichshofrat

Reichskammer-
gericht

Wie Reichstag und Reichskreise war auch das in den Quellen zunächst
noch als „Camergericht" bezeichnete, später so genannte Reichskammergericht eine Frucht der an der Wende vom 15. zum 16. Jahrhundert

eingeleiteten Reichsreform und hatte wie diese beiden dauerhaften Institutionen Bestand bis zum Ende des Heiligen Römischen Reiches Deutscher Nation im Jahre 1806. Die erste Reichskammergerichtsordnung vom 7. August 1495, von dem auch – wie in einem Paket – „Ewiger Landfriede", „Handhabung Friedens und Rechts" und „Ordnung des Gemeinen Pfennigs" datieren, dokumentiert den großen Erfolg der vom Mainzer Kurfürsten Berthold von Henneberg angeführten Reichsstände über König Maximilian I., denn aus dem seit Beginn des 15. Jahrhunderts bestehenden königlichen Kammergericht wurde „Unser [d.h. des Königs] und des Hailigen Reichs Camergericht". Damit war die alleinige oberstrichterliche Funktion des Römischen Königs bzw. Kaisers im Reich aufgehoben und der Einflußnahme der Reichsstände geöffnet worden, was sich unmittelbar bei den Regelungen hinsichtlich Tagungsort, Finanzierung und personeller Zusammensetzung zeigte.

Das neue Reichskammergericht wurde am 31. Oktober 1495 in Frankfurt am Main zwar von König Maximilian I. persönlich eröffnet, indem er dem Kammerrichter Eitel Friedrich II. von Zollern als personeller Spitze sowie den Beisitzern (Urteilern, Assessoren) ihren Amtseid abnahm und dem Kammerrichter den Gerichtsstab übergab, aber er mußte damit zugleich akzeptieren, daß das höchste Reichsgericht fern vom Königshof in einer Reichsstadt seinen Sitz einrichtete. Und dabei blieb es, denn nach dem unruhigen Beginn, der sehr wesentlich auch von den grundsätzlichen Auseinandersetzungen über einen stärker monarchischen oder stärker ständischen Einfluß auf das Gericht geprägt war, ließ sich das Reichskammergericht – nach Zwischenstationen in Worms, Augsburg, Nürnberg, Regensburg, Speyer und Esslingen – 1527 auf Dauer in Speyer nieder und – infolge des Pfälzischen Erbfolgekrieges – ab 1690 endgültig in Wetzlar.

Ergebnis der „Reichsreform"

Reichsständische Partizipation an der höchsten Gerichtsbarkeit im Reich hatte zur Folge, daß die Reichsstände auch zum Unterhalt des Reichskammergerichts beitragen mußten, zumal die eigenen Gebühren und Gefälle dazu bei weitem nicht ausreichten. Es unterstreicht den großen Wert und die hohe Bedeutung des Reichskammergerichts, daß die Reichsstände bereit waren, für diese Verfassungsinstitution mit dem „Kammerzieler" die einzige ständige Steuer des Alten Reiches zu bewilligen. Nach dem Scheitern des Gemeinen Pfennigs als Reichssteuer im Konstanzer Reichsabschied von 1507 erstmals eingeführt, wurde er vom Augsburger Reichstag von 1547/48 endgültig zur Finanzierung allein des Reichskammergerichts beschlossen (§§ 30 ff. des Reichsabschieds von 1548). Jeder Reichsstand hatte ihn gemäß seinem Anteil an

„Kammerzieler"

der Reichsmatrikel zu zwei „Zielen" (Termine der Frankfurter Frühjahrs-
und Herbstmessen) zu zahlen. Vom Jüngsten Reichsabschied von 1654
an wurden die Kammerzieler auf der Ebene der zehn Reichskreise ein-
gesammelt und von diesen beim Pfennigmeister des Reichskammergerichts in Frankfurt am Main abgeliefert. Auch wenn die Beträge – wie in
einer nach Ständen und Kreisen geordneten „Usual-Matrikel" des Jahres
1745 mit insgesamt knapp 39 400 Reichstalern pro Termin – feststanden,
sorgten ausbleibende Zahlungen und Verzögerungen bei der Ablieferung
immer wieder für Schwierigkeiten bei der Unterhaltung des Reichskammergerichts; sie stellten seine Existenz nicht nur in den unruhigen An-
fangsjahrzehnten mehr als einmal in Frage, sondern verursachten auch
noch im 18. Jahrhundert lange Unterbrechungen der Gerichtsarbeit.

Personelle Zusam-
mensetzung des
Reichskammer-
gerichts

Der ständische Charakter des Reichskammergerichts zeigte sich
schließlich vor allem bei seiner personellen Zusammensetzung. Zwar
blieb dem Reichsoberhaupt das Recht, das Amt des Kammerrichters, der
Mitglied des hohen Reichsadels, aber kein studierter Jurist sein mußte,
mit einem Mann seiner Wahl zu besetzen, gleichsam als Repräsentanten
seiner königlichen/kaiserlichen Gerichtshoheit, aber auf die Bestellung
der zunächst 16 Beisitzer hatte der Römische König nur partiellen Einfluß. Grundsätzlich sollte die eine Hälfte von ihnen – die gelehrte Bank –
aus studierten Juristen bestehen, die als Licentiaten oder Doktoren über
einen Universitätsgrad verfügten, die andere Hälfte – die adelige Bank –
aus zumindest dem Ritterstand angehörenden Adeligen; zwei Beisitzer
sollten hochadelig sein, um den Kammerrichter vertreten zu können.
Schon 1495 wurden diese 16 Beisitzerstellen nach einem Proporzsystem
besetzt, das den sechs Kurfürsten, weiteren Reichsständen und – der Entwicklung ab 1500 zunächst hinsichtlich der Besetzung des ersten Reichsregiments vorgreifend – den sechs ursprünglichen Reichskreisen ein Präsentationsrecht für insgesamt 14 Urteiler einräumte, während König Maximilian I. lediglich zwei Beisitzer aus seinen Erblanden benennen
konnte. Die Reichsstände behaupteten ihre dominierende Rolle bei der
Benennung der nach 1648 – zur Beschleunigung der Prozesse – bis auf
50 anwachsenden Beisitzer teils über ein eigenes Präsentationsrecht,
teils über die Reichskreise, die dabei noch an Bedeutung gewannen. Aber
die Auswahl, die schon nach der Ordnung des Reichskammergerichts
von 1521 und verstärkt nach der von 1555 auch bei den nicht studierten
Beisitzern darauf achten sollte, daß sie rechtlich kompetent und mit ge-
richtlichen Abläufen vertraut waren, gestaltete sich vor allem aufgrund
die konfessionellen Spaltung des Reiches immer komplizierter und hatte
infolge des Westfälischen Friedens das Gebot der paritätischen Besetzung des Reichskammergerichts zu beachten.

Aus dem Zusammenhang der Gründung des Reichskammergerichts mit der Verkündung des „Ewigen Landfriedens von 1495" erklärt sich seine vorrangige Aufgabe, Landfriedensbruch in erstinstanzlichen Verfahren streng zu ahnden und dem bisher keiner höchstrichterlichen Sanktion unterworfenen mittelalterlichen Fehdewesen entgegenzutreten. Damit war es maßgeblich in den langwierigen Prozeß der Veränderung des Bewußtseins des fehdegewohnten Adels in die Richtung eingebunden, daß der Rechtsweg an die Stelle der Selbsthilfe in rechtlichen Auseinandersetzungen zu treten hatte, und leistete seinen entscheidenden Beitrag zur Verrechtlichung von Konflikten, ohne – zumal im 16. Jahrhundert – Auseinandersetzungen z. B. zwischen Reichsrittern und Territorialfürsten oder Bauern und reichsständischen Obrigkeiten gänzlich verhindern zu können. Darüber hinaus war das Reichskammergericht in großem Ausmaß beanspruchte Appellationsinstanz nach endgültigen Entscheidungen landesherrlicher oder reichsstädtischer Gerichte, wodurch eine weitgehende Territorialisierung der Gerichtsbarkeit im Reich verhindert wurde. Im Zuge der von ihnen nach Kräften geförderten Staatsbildung in ihren Herrschaftsbereichen suchten die Fürsten nach Wegen, sich als unumschränkte Gerichtsherren in ihren Territorialstaaten durchzusetzen und strebten – nach dem Vorbild der Bestimmungen der Goldenen Bulle von 1356 für die Kurfürsten – Appellationsprivilegien der Kaiser an, wenn sie schon nicht – wie Böhmen und Österreich – die Exemtion erreichen konnten. Im Laufe der Frühen Neuzeit erlangten die meisten Landesfürsten „Privilegia de non appellando", die allerdings sehr oft zunächst oder auch dauerhaft auf Angelegenheiten bis zu einem bestimmten Streitwert beschränkt waren. Diese Privilegienerteilung erwies sich dadurch als ein doppeltes Instrument: Sie konnte, was im übrigen auch über die Einführung und ständige Steigerung von Appellationssummen geschah, die Überlastung des Reichskammergerichts eindämmen, indem Appellationsklagen, die nicht eine bestimmte Streitwerthöhe erreichten, nicht zugelassen wurden, und sie ließ sich politisch einsetzen, wenn der Kaiser nur selten und dann in mehreren Schritten solche Privilegierungen vornahm, die ja stets Einfluß auf die Nähe oder Ferne der Reichsgerichtsbarkeit zu den landesfürstlichen Untertanen hatte. Bei allen Defiziten des Reichskammergerichts, die auch in zahlreichen Visitationen – zuletzt eine von Kaiser Joseph II. anberaumte und von 1766 bis 1776 dauernde – nicht beseitigt werden konnten, lag seine Bedeutung vor allem in seiner Wirkung, dem Kleineren gegenüber dem Größeren, Mächtigeren rechtlichen Schutz zu gewähren.

Die höchste Gerichtsbarkeit im frühneuzeitlichen Heiligen Römi-

Funktion, Aufgaben und Bedeutung

Reichshofrat

schen Reich wurde aber nicht nur vom ständisch geprägten Reichskammergericht wahrgenommen, das seine Urteile im Namen von Kaiser und Reich sprach, sondern seit dem 16. Jahrhundert zunehmend auch vom kaiserlich dominierten Reichshofrat. Zurückgehend auf eine Ordnung König Maximilians I. von 1498, die auch eine Antwort auf die reichsständischen Erfolge von 1495 war, entwickelte sich der Reichshofrat unter König und Kaiser Ferdinand I. zu einer zentralen Regierungs-, Verwaltungs- und Justizbehörde für die habsburgischen Erblande sowie das Reich und wurde – eingebettet in primär politische Funktionen – zu einem zweiten obersten Reichsgericht in alleiniger Abhängigkeit vom Kaiser. Dieser besetzte den an seinem Hof in Wien ansässigen Reichshofrat nicht nur allein und konnte ständische Einflußnahme erfolgreich verhindern – lediglich sechs evangelische Reichshofräte ernannte nach 1648 das *Corpus evangelicorum* –, sondern er stand auch persönlich als „allein obristes haupt und richter" (Reichshofratsordnung von 1617) an seiner Spitze, vertreten durch einen Reichshofratspräsidenten, der dem hohen Reichsadel entstammen und im Reich begütert sein mußte. Wie im Reichskammergericht gab es auch im Reichshofrat eine adelige und eine gelehrte Bank seiner zeitweise bis zu 30 Mitglieder, die nach dem Westfälischen Frieden zu gleichen Teilen katholisch und protestantisch sein sollten; tatsächlich aber wurde die Konfessionsparität nie erreicht. Ebenso erfüllte Kaiser Ferdinand III. nicht die Auflage, eine neue Reichshofratsordnung vom Reichstag verabschieden zu lassen, denn in einem „Überraschungsakt" (W. SELLERT) präsentierte er 1654 während des mit allen offenen Reichsverfassungsfragen – auch einer neuen (und dann verabschiedeten) Reichskammergerichtsordnung – beauftragten Regensburger Reichstages von 1653/54 aus eigener Machtvollkommenheit die bis zum Ende des Alten Reiches maßgeblich bleibende Reichshofratsordnung.

Abgrenzung zum Reichskammergericht unklar

    Die nicht klar gegen das Reichskammergericht abgegrenzte Gerichtsfunktion des Reichshofrates ging vor allem auf die Reichshofratsordnung Kaiser Ferdinands I. von 1559 zurück, mit der Justiz- von Staatsangelegenheiten getrennt wurden. In dieser Eigenschaft wurde er trotz katholischer Einflußnahmen auch von protestantischen Klägern aus dem Reich gerne in Anspruch genommen, da er – nicht zuletzt aufgrund seiner häufigen Heranziehung von Kommissionen – Prozesse zügiger als das Reichskammergericht durchführte und seine Urteile als sachkundig bekannt wurden. Auch wenn – aufs Ganze gesehen – der Reichshofrat vornehmlich von Klägern aus dem Süden des Reiches, das Reichskammergericht von Klägern aus dem Norden angerufen

3. Reichskammergericht und Reichshofrat   53

wurde, hatte der Wiener Reichshofrat mit seiner Rechtsprechung seit dem späten 17. Jahrhundert großen Anteil an der Verbesserung der kaiserlichen Stellung im gesamten Reich, während es ein wichtiges Verdienst des Wetzlarer Reichskammergerichts war, den Norden stärker in das „eigentliche" Reich integriert zu haben.

D. Das Ende des Alten Reiches

Das Jahr 1806 Johann Wolfgang von Goethe, der das Reichskammergericht in Wetzlar im Jahre 1772 nur kurz kennengelernt, aber gleichwohl Wesentliches über das Heilige Römische Reich Deutscher Nation in „Dichtung und Wahrheit" festgestellt hatte, hat sein Ende nur beiläufig erwähnt, wenn er am 6. August 1806, dem Tag der Abdankung Kaiser Franz' II., auf der Rückreise von Karlsbad notierte, „in den Zeitungen die Nachricht" gefunden zu haben, „das Deutsche Reich sey aufgelöst". Für seine Mutter war es bedeutsam, wie sie am 19. August 1806 ihrem Sohn schrieb, daß „gestern [...] zum ersten mahl Kaiser und Reich aus dem Kirchengebet weggelaßen" wurden. Aber auch sie wußte um die Lebensunfähigkeit des Alten Reiches, sprach von ihm, „als wenn ein alter Freund sehr kranck ist"; denn die Gebrechen des todkranken Reiches waren seit mehr als einem halben Jahrhundert im 1745 erschienenen 43. Band von Johann Heinrich Zedlers „Große[m] vollständige[n] Universal-Lexicon" unter dem Stichwort „Teutsche Staats-Kranckheiten oder Staats-Kranckheiten des Heil. Römischen Reichs Teutscher Nation" wie in einem ärztlichen Bulletin nachlesbar.

Die Bedeutung der 1740er Jahre Fragt man nach dem Anfang vom Ende des Alten Reiches, dann ist man auf eben diese 1740er Jahre verwiesen, als die Reichsverfassung bei der Installierung des Wittelsbachischen Kaisertums Karls VII. noch einmal geradezu idealtypisch funktioniert hatte und dann wie eine überdrehte Uhr zu Schaden kam. Die machtpolitischen Polarisierungen, die es so zu Zeiten Kaiser Karls VI. und König Friedrich Wilhelms I. zwischen Brandenburg-Preußen und Österreich nicht gegeben hatte, spalteten selbst Goethes Familie in einen „fritzisch" und einen österreichisch gesonnenen Teil. Im entstehenden Dualismus zwischen Wien und Berlin wurde das Reich mehr und mehr zerrieben, bis sich in Preußisch-Österreichischer Dualismus einer sezessionistischen Bewegung im Sommer 1806 die Rheinbund-Staaten von ihm lossagten und unter Napoleons Schutz für souverän erklärten. Da es seit den Auseinandersetzungen zwischen Maximilian I. und den Reichsständen um die Reichsverfassung an der Wende vom 15. zum 16. Jahrhundert zu keiner Zeit gelungen war, eine von Kaiser und Reich gemeinsam getragene dauerhafte Exekutive anstelle von temporären Notlösungen zu installieren, war die vernichtende Niederlage der strukturell hoffnungslos unterlegenen Reichsarmee gegen Friedrich den Großen bei Roßbach (1757) fast zwangsläufig. Und entsprechend war das im Westfälischen Frieden von 1648 und im Jüngsten Reichsab-

schied von 1654 ständestaatlich-föderalistisch gebliebene Reich nicht
den monarchisch-zentralistischen Großmächten auf seinem Boden,
Brandenburg-Preußen und Österreich, gewachsen, die das Reich mehr
und mehr als ihr Glacis betrachteten und für ihre machtpolitischen Interessen zu instrumentalisieren suchten. Kaiser Joseph II. stand darin
Friedrich dem Großen in nichts nach, und die Höhepunkte wurden im
Baseler Frieden von 1795, als sich Brandenburg-Preußen aus dem
Reichskrieg gegen Frankreich zurückzog und für neutral erklärte, und
im Frieden von Campo Formio zwei Jahre später erreicht, wo die Inte-
grität des Reiches von seinem Oberhaupt Kaiser Franz II. in Wahrnehmung österreichischer Interessen aufgegeben und seinen machtstaat-
lichen Ambitionen geopfert wurde. Mit dem Reichsdeputationshaupt-   Reichsdeputations-
schluß von 1803 wurden dann die rechtlichen und politischen Grund-   hauptschluß von
lagen des Alten Reiches irreparabel zerstört, auch wenn noch immer an   1803
seinem Bestand festgehalten wurde. Mit der Abdankung Franz' II. als
Römischer Kaiser zugleich das Heilige Römische Reich Deutscher Nation für beendet und aufgelöst zu erklären, war zwar juristisch nicht
haltbar, aber es fehlte im Reich am politischen Willen, es fortzusetzen,
mochte es auch schon bald in staatsrechtlichen Überlegungen zur Gestaltung des mitteleuropäischen Raumes wieder an Bedeutung gewinnen, ohne eine Zukunft zu haben.

II. Grundprobleme und Tendenzen der Forschung

A. Das frühneuzeitliche Heilige Römische Reich in der deutschen Historiographie

In der Geschichte der Beschäftigung mit dem frühneuzeitlichen Heiligen Römischen Reich und insbesondere mit seiner Verfassung sind – aufs Ganze gesehen – drei große Abschnitte zu unterscheiden. Noch als das Alte Reich bestand, entwickelte sich die die seine staatsrechtliche Besonderheit herausstellende Reichsstaatsrechtslehre, die im 18. Jahrhundert in den beschreibenden quellennahen Werken J. J. MOSERS [Nr. 40: Teutsches Staats-Recht, Nr. 41: Neues Teutsches Staatsrecht] sowie in den um stärkere systematische Durchdringung bemühten Arbeiten J. S. PÜTTERS [Nr. 223: Kurzer Begriff, Nr. 222: Anleitung] ihre Höhepunkte erreichte. Mit seiner dreiteiligen Darstellung „Historische Entwickelung der heutigen Staatsverfassung des Teutschen Reichs" aus den Jahren 1786/87, die 1798 in dritter Auflage erschien [Nr. 224: Historische Entwickelung], wurde PÜTTER gleichsam zum ersten deutschen Reichsverfassungshistoriker, indem er der Geschichte neben der Systematik breitesten Raum schenkte. **Reichsstaatsrecht des 18. Jahrhunderts**

Die nach der Auflösung des Heiligen Römischen Reiches im Jahre 1806 einsetzende Geschichtsschreibung scheint ihren Ausgangspunkt bei G. W. F. HEGELS Feststellung „Deutschland ist kein Staat mehr" genommen zu haben, mit der er seine unter dem Eindruck der Ereignisse an der Wende vom 18. zum 19. Jahrhundert geschriebene Reichsverfassungsschrift von 1802 einleitete [Nr. 94: Die Verfassung Deutschlands, 461]. S. PUFENDORFS im Jahre 1667 geprägtes Wort, wonach das Reich mit einem „Monstrum" vergleichbar sei, das keiner der klassischen Staatsformen im Sinne des Aristoteles zuzuordnen war [Nr. 105: Die Verfassung des deutschen Reiches, 106], wurde bewußt als **Sichtweise des 19. Jahrhunderts**

Verdikt mißverstanden, die Jahrhunderte der frühneuzeitlichen Reichsgeschichte wurden als Zeiten der Schwäche, der Zerrissenheit, des Ver-
falls charakterisiert oder gar als „die häßlichsten Zeiten deutscher Geschichte" beschrieben [Nr. 235: H. v. TREITSCHKE, Deutsche Geschichte
im Neunzehnten Jahrhundert, 4]. Auch wenn durchaus zwischen den
eineinhalb Jahrhunderten vor dem Westfälischen Frieden und den ihm
folgenden 150 Jahren unterschieden wurde, L. v. RANKE etwa beklagte,
daß „die Geschichte der Reichstage noch nicht die Beachtung gefunden
[habe], deren sie wert ist" [Nr. 227: Deutsche Geschichte im Zeitalter
der Reformation, Bd. 1, XCVII], insgesamt war die Beschäftigung mit
dem Reich der Frühen Neuzeit – sofern es als Ganzes überhaupt in den
Blick genommen wurde – geprägt von den in der nationalen Geschichtsschreibung des 19. Jahrhunderts vorherrschenden Vorstellungen vom zentralen Macht- und Anstaltsstaat. Seinen Kriterien entsprach der sich formierende und festigende frühmoderne Territorialstaat – zumal, wenn er sich in seinen besonders erfolgreichen Beispielen wie Brandenburg-Preußen und Österreich in der europäischen Staatenwelt zu behaupten wußte – mehr als das primär föderalistisch struk-
turierte, keinesfalls als Nationalstaat zu fassende Heilige Römische
Reich.

Positive Bewertun-
gen des Reiches

Es bedurfte offensichtlich erst der gründlichen Diskreditierung
des zentralen deutschen National- und Machtstaates in der Zeit nach
1933 sowie der Katastrophe des Jahres 1945, um den Blick für die Vorzüge der jahrhundertealten dezentralen Strukturen des frühneuzeitlichen Alten Reiches zu öffnen. Nicht zuletzt mit der gleichzeitigen Wiederbelebung des Europa-Gedankens mit dem Ziel der Bildung einer föderativen europäischen Staatengemeinschaft und unter dem Eindruck
der dann sukzessive voranschreitenden, zunächst wirtschaftlichen Einigung westeuropäischer Staaten gewann das Heilige Römische Reich
der Frühen Neuzeit verstärktes Interesse. Schon 1693 hatte W. PENN in
seinem „Essay toward the present and future peace of Europe" das Vor-
teilhafte der alten Reichsverfassung auf ein künftiges Europa übertragen und z. B. in einem die europäischen Fürsten versammelnden „gemeinsamen Reichstag oder Staatenhaus oder Parlament" nach dem
Vorbild des Regensburger Reichstages einen Garanten für den „Ewigen
Frieden" gesehen [Nr. 12: K. v. RAUMER, Ewiger Friede, 326]. Mitte
des 18. Jahrhunderts hatte J. J. ROUSSEAU den Nutzen der Verfassung
des Alten Reiches darin erkannt, „daß, solange sie besteht, das Gleichgewicht Europas nicht verletzt werden kann" [Nr. 12: K. v. RAUMER,
Ewiger Friede, 352]. Und vor die Frage gestellt, wie „man wieder aus
Deutschland ein Ganzes schaffen" könne, war für W. v. HUMBOLDT in

seiner „Denkschrift über die deutsche Verfassung" vom Dezember 1813 „nichts so wünschenswerth", als die Wiederherstellung der alten Reichsverfassung: „Die Richtung Deutschlands ist ein Staatenverein zu sein, und daher ist es weder, wie Frankreich und Spanien, in Eine Masse zusammengeschmolzen, noch hat es, wie Italien, aus unverbundenen einzelnen Staaten bestanden."

Die nach den Reichspublizisten vor allem des 18. Jahrhunderts erstmalige Hinwendung zur Erforschung des frühneuzeitlichen Heiligen Römischen Reiches in seiner Gesamtheit und als Ganzes setzte in den 1950er/1960er Jahren ein. Sie wird markiert von breit angelegten, auf verschiedenartigen Quellenbeständen basierenden Monographien von E. BUSSI [Nr. 201: Il diritto publico], F. DICKMANN [Nr. 203: Der Westfälische Frieden], K. REPGEN [Nr. 228: Papst, Kaiser und Reich 1521–1644], F. H. SCHUBERT [Nr. 506: Die deutschen Reichstage in der Staatslehre der Frühen Neuzeit] und K. O. v. ARETIN [Nr. 197: Heiliges Römisches Reich 1776–1806]. Auch wenn diese Werke aus dem Jahrzehnt von 1957 bis 1967 nicht die gesamte Reichsgeschichte in allen Epochen der Frühen Neuzeit behandelten, so kamen mit dem Reichsrecht, dem Westfälischen Frieden, dem Verhältnis des Papstes und der Römischen Kurie zu Kaiser und Reich nach der Einführung der Reformation, den Reichstagen sowie dem Ende des Alten Reiches doch zentrale Themen aus unterschiedlichen Blickwinkeln zur Sprache. K. O. v. ARETINS Feststellung „Die Geschichte des Heiligen Römischen Reiches in der Neuzeit ist bis heute nicht geschrieben" [Nr. 197: Heiliges Römisches Reich 1776–1806, V] hat zwar nach wie vor Gültigkeit, zumal auch seine im Entstehen begriffene dreibändige Darstellung lediglich die Zeit nach dem Westfälischen Frieden behandelt [Nr. 196: Das Alte Reich 1648–1806], aber die Erforschung des frühneuzeitlichen Alten Reiches hat seit mehr als dreißig Jahren eine unvergleichliche Intensivierung erfahren.

Diese setzte zugleich in einer Zeit ein, in der der Begriff „Frühe Neuzeit" zur Bezeichnung der drei Jahrhunderte von um 1500 bis um 1800 gebräuchlich zu werden begann [Nr. 162: J. KUNISCH, Über den Epochencharakter der frühen Neuzeit; Nr. 166: I. MIECK, Periodisierung und Terminologie der Frühen Neuzeit]. Hatte bereits im 18. Jahrhundert das Bewußtsein geherrscht, „seit drei Jahrhunderten in einer neuen Zeit zu leben, die sich, und das nicht ohne Emphase, als eigene Periode von den vorangegangenen unterscheidet" [Nr. 156: R. KOSELLECK, ‚Neuzeit', 277], so trug man dem in Abgrenzung auch zu den folgenden Jahrhunderten, zur Moderne, und im Bewußtsein der unausbleiblichen Steigerung der „Neuzeit in ihrer Neuzeitlichkeit" [Nr. 155:

Marginalien:
Neuansatz zur Beschäftigung mit dem Alten Reich

„Frühe Neuzeit" als Epochenbegriff

W. KAMLAH, „Zeitalter" überhaupt, „Neuzeit" und „Frühneuzeit", 3]
begrifflich Rechnung. Hatten dabei zunächst ganz pragmatische Ge-
sichtspunkte den Ausschlag gegeben, so verfestigte sich „Frühe Neuzeit" von da an als Epochenbegriff in dem Maße, in dem der von O.
BRUNNER wesentlich mitgeprägte, die traditionelle Epochengrenze zwischen Mittelalter und Neuzeit überschreitende Strukturbegriff „Alteuropa" an periodologischer Bedeutung gewann. „Frühe Neuzeit" umfaßt
heute die früher als „Neuzeit" begriffenen letzten drei Jahrhunderte je-
nes „alteuropäischen" Zeitalters, das sich nach D. GERHARD „schon im
12. Jahrhundert formiert und in seiner sozialen und politischen Ge-
samtstruktur bis zum Ende des 18. Jahrhunderts behauptet hat" [Nr.
187: S. SKALWEIT, Der Beginn der Neuzeit, 5]. Durch die revolutionä-
ren Ereignisse am Ende des 18. Jahrhunderts erscheint sie gegenüber
den politischen, sozialen und verfassungsmäßigen Veränderungen des
sich mit dem Beginn des 19. Jahrhunderts durchsetzenden industriellen
Zeitalters klarer abgegrenzt als an der Wende vom 15. zum 16. Jahrhundert gegenüber dem „Mittelalter". Dem sich in der engeren Verbindung von 12. bis 15. und 16. bis 18. Jahrhundert äußernden Kontinui-
tätszusammenhang trägt vor allem die 1974 gegründete „Zeitschrift
für Historische Forschung" Rechnung, die sich als wissenschaftliches
Forum für das deutsche Sprachgebiet die „Erforschung des Spätmittelalters und der frühen Neuzeit" zur Aufgabe gemacht hat.

Frühneuzeitliche
Reichsgeschichte

Im Rahmen dieses alteuropäischen Kontinuitätszusammenhangs
haben die „Frühe Neuzeit" im allgemeinen und die frühneuzeitliche
Reichsgeschichte im besonderen deutlichere Konturen gewonnen. Ihre
mit den Beschlüssen des Wormser Reichstages von 1495 und mit der
der Abdankung Kaiser Franz, II. folgenden Auflösung des Heiligen
Römischen Reiches von 1806 gegebenen Epochengrenzen können als
weitgehend unbestritten gelten, auch wenn Handbuchdarstellungen mit
1490, 1500, 1517 oder 1519 bisweilen andere, nicht primär reichsverfassungsgeschichtlich begründete Ausgangspunkte wählen und über
1806 hinaus bis 1815 reichen [Nr. 215: H. LUTZ, Das Ringen um deutsche Einheit und kirchliche Erneuerung; Nr. 225: H. RABE, Deutsche
Geschichte 1500–1600; Nr. 230: H. SCHILLING, Aufbruch und Krise;
Nr. 294: A. SCHINDLING/W. ZIEGLER (Hrsg.), Die Kaiser der Neuzeit
1519–1918; Nr. 218: H. MÖLLER, Fürstenstaat oder Bürgernation].

Verfassungsge-
schichtsschreibung

Ebenso sind in der deutschen Verfassungsgeschichtsschreibung
die Epochenjahre 1495 und 1806 nahezu unangefochten. Das gilt für
die Behandlung der frühneuzeitlichen Reichsverfassungsgeschichte
durch H. CONRAD im Rahmen des 1966 erschienenen zweiten Bandes
seiner „Deutschen Rechtsgeschichte" [Nr. 202: Deutsche Rechtsge-

schichte, Bd. 2, 3–230], die G. OESTREICH – selbst Verfasser einer „Verfassungsgeschichte vom Ende des Mittelalters bis zum Ende des alten Reiches" – zu Recht als „erste moderne Darstellung der Reichsverfassung der frühen Neuzeit" bezeichnet hat [Nr. 219: Verfassungsgeschichte,] in gleicher Weise wie für die jüngst erschienene Gesamtdarstellung von H. DUCHHARDT [Nr. 205: Deutsche Verfassungsgeschichte 1495–1806]. Bei aller Unverrückbarkeit des Epochenjahres 1806 einerseits ist andererseits eine ins 13., 14. und 15. Jahrhundert zurückreichende Offenheit zu konstatieren, die den aus dem Spätmittelalter in die Frühe Neuzeit wirkenden strukturellen Gegebenheiten Rechnung trägt [Nr. 216: C.-F. MENGER, Deutsche Verfassungsgeschichte der Neuzeit; Nr. 198: H. BOLDT, Deutsche Verfassungsgeschichte, 247–288; Nr. 239: D. WILLOWEIT, Deutsche Verfassungsgeschichte, 65–202]. Von daher erklärt sich zu einem großen Teil, daß die Verfassungsgeschichtsschreibung zum frühneuzeitlichen Heiligen Römischen Reich ganz wesentlich vom Anfang her geprägt ist, denn Arbeiten zum 16. Jahrhundert überwiegen bei weitem Studien zum 17. und erst recht zum 18. Jahrhundert, die ohne den akzentuierenden Rückgriff auf die fundamentalen Regelungen der früheren Zeit nicht auskommen [Nr. 231: H. SCHILLING, Höfe und Allianzen, 94–146; Nr. 218: H. MÖLLER, Fürstenstaat oder Bürgernation, 239–316].

Die Erforschung des frühneuzeitlichen Heiligen Römischen Reiches in den letzten drei Jahrzehnten ist insgesamt dadurch gekennzeichnet, daß man es in seiner Historizität als Ganzes – und nicht nur in Teilen – ernst genommen und als politisches System begriffen hat. Es wurde einerseits aus einer unangemessen engen nationalgeschichtlichen Betrachtungsweise herausgelöst und andererseits in eine beiderseits angemessene vergleichende landes- und europageschichtliche einbezogen. Die Öffnung zum Mittelalter hin hat ebenso epochenübergreifende Grundstrukturen wie Kontinuitäten von langer Dauer erkennen lassen wie das Bemühen um eine Verfassungs- und Sozialgeschichte, Rechts- und Politikgeschichte, Kirchen- und Bildungsgeschichte verbindende Erforschung des Alten Reiches. Auffallend ist, daß die Bereiche der Wirtschafts- und Militärgeschichte dabei weniger oder kaum Berücksichtigung gefunden haben.

Gegenstände der Reichshistoriographie

Zu einer Gesamtcharakterisierung der neueren Forschungen zur Reichsgeschichte der Frühen Neuzeit gehört zudem die Feststellung, daß sie – in Kontinuität zur Historiographie des 19. und der ersten Hälfte des 20. Jahrhunderts – sehr stark von den Binnenzäsuren dieses Zeitraumes und den traditionellen Epochen des 16. bis 18. Jahrhunderts geprägt sind. Das gilt nicht nur mit Blick auf „Reformation", „Gegen-

Zäsuren frühneuzeitlicher Reichsgeschichte

reformation" – generell „Konfessionelles Zeitalter" – oder „Absolutismus", sondern insbesondere auch im Hinblick auf die durch den Westfälischen Frieden von 1648 markierte chronologische Mitte der frühneuzeitlichen Reichsgeschichte, obwohl das Heilige Römische Reich –
im Unterschied zu der überwiegenden Mehrzahl seiner Territorien – gerade nicht an der in der Geschichte Europas epochalen Ablösung des
Ständestaates durch den absoluten Fürstenstaat beteiligt ist. Nahezu
alle Gesamtdarstellungen sind – welche zeitlichen Begrenzungen sie
auch sonst haben mögen – an der Zäsur des Jahres 1648 orientiert, reichen bis dorthin oder haben dort ihren Ausgangspunkt, wie fast alle
Handbücher bis in die jüngste Zeit [Nr. 210: A. KOHLER, Das Reich im
Kampf um die Hegemonie in Europa 1521–1648; Nr. 204: H. DUCH-
HARDT, Altes Reich und europäische Staatenwelt 1648–1806; Nr. 196:
K. O. von ARETIN, Das Alte Reich 1648–1806] zeigen. Eine Ausnahme
bildet V. PRESS' Darstellung des 17. Jahrhunderts, mit der er sich auch
für die Reichsgeschichte dagegen wandte, seine erste Hälfte zum Epi-
log des 16., die zweite Hälfte zum Prolog des 18. Jahrhunderts zu ma-
chen. Er plädierte dafür, „das [17.] Jahrhundert als eine Einheit zu
sehen", wobei „das Jahr 1648 als Zäsur wichtig bleibt, aber [...] ein
Verschieben der Epochengrenzen die Perspektiven und damit auch die
Erkenntnisse verändert" [Nr. 221: Kriege und Krisen, 11 ff.].

    Mit Blick auf das Aussterben der Habsburger im Mannesstamm,
den Regierungsantritt Maria Theresias in Wien und Friedrichs des Gro-
Das Jahr 1740   ßen in Berlin hat die neuere Forschung überdies das Jahr 1740 immer
deutlicher als die letzte große Zäsur der frühneuzeitlichen Reichsgeschichte erkannt [Nr. 205: H. DUCHHARDT, Deutsche Verfassungsgeschichte 1495–1806, 201–238; Nr. 171: H. NEUHAUS, Hie Österreichisch – hier Fritzisch]. Zwar bestätigte das kurze Kaisertum des Wit-
telsbachers Karl VII., daß die Reichsverfassung geradezu idealtypisch
funktionierte [Nr. 262: P. C. HARTMANN, Karl Albrecht – Karl VII.;
Nr. 282: V. PRESS, Das Wittelsbachische Kaisertum Karls VII.] und somit zunächst keinen tiefen Einschnitt markierte, aber langfristig wurden mit der Entstehung und Etablierung Brandenburg-Preußens als –
neben Österreich – zweiter europäischer Großmacht innerhalb des Heiligen Römischen Reiches Tatsachen geschaffen, die bei gleichbleiben-
den Normen die Reichsverfassung und den politischen Umgang mit ihr
grundlegend veränderten [Nr. 197: K. O. v. ARETIN, Heiliges Römisches Reich 1776–1806; Nr. 218: H. MÖLLER, Fürstenstaat und Bürgernation; Nr. 204: H. DUCHHARDT, Altes Reich und europäische Staatenwelt 1648–1806, 33–51; Nr. 170: H. NEUHAUS, Das Ende des Alten
Reiches], auch z. B. den konfessionspolitischen [Nr. 142: J. BURK-

HARDT, Abschied vom Religionskrieg; Nr. 343: G. HAUG-MORITZ, Württembergischer Ständekonflikt und deutscher Dualismus; Nr. 344: G. HAUG-MORITZ, Corpus Evangelicorum und deutscher Dualismus].

B. Reichsständische Versammlungen und Reichsstände

1. Der Reichstag des 16. Jahrhunderts

Das Tor zum Verständnis des Reiches: der Reichstag Angesichts der für das Verständnis des frühneuzeitlichen Heiligen Römischen Reiches zentralen Bedeutung des Reichstages hat diese wichtigste und dauerhafteste reichsständische Versammlung seit den Tagen L. v. RANKES die besondere Aufmerksamkeit der Geschichtswissenschaft gefunden. Beseelt von der „Idee [...], aus einer womöglich ununterbrochenen Reihe von Reichstagsakten den Gang und die Entwicklung der Verfassung näher zu erforschen" [Nr. 227: Deutsche Geschichte im Zeitalter der Reformation, Bd. 1, XCVIII], hat er die mit dem 14. Jahrhundert einsetzende Edition der Reichstagsakten in drei Abteilungen angeregt, die die Zeiten vor und unter Maximilian I., der Reformation sowie der zweiten Hälfte des 16. Jahrhunderts umfassen sollten. Gedacht als eine Verlängerung der „Monumenta Germaniae Historica", des großen Quelleneditionsunternehmens zur Geschichte des Mittelalters, in die Neuzeit, wurde das Editionsunternehmen „Deutsche Reichstagsakten" 1857 ins Leben gerufen und besteht heute – längst nicht abgeschlossen – in vier Abteilungen für die Zeiten des nicht periodisch tagenden Reichstages, während die Akten des Immerwährenden Reichstages insgesamt noch unpubliziert sind.

Seit wann gibt es Reichstage? Auch wenn sich – entgegen den Vorstellungen der Initiatoren des 19. Jahrhunderts – die Edition der Reichstagsakten nach 1495 bisher nur in Bruchstücken realisieren ließ, so wurde die Überzeugung, daß die „Reichstagsverhandlungen [...] den Kern der Reichsgeschichte bildeten", bis heute vielfältig bestätigt und die Erwartung immer wieder erfüllt, daß sich mit deren Herausgabe „neue Kräfte für die Geschichtsforschung bilden würden" (G. H. PERTZ). Allerdings haben sich Definition und Beurteilung des Reichstages grundlegend gewandelt, denn es kann keine Rede mehr davon sein, daß „die Einheit der Nation [...] in diesen Versammlungen ihren lebendigen Ausdruck [fand]" [Nr. 227: L. v. RANKE, Deutsche Geschichte im Zeitalter der Reformation, Bd. 1, XCVII]. Es ist P. MORAWS Verdienst, die Entstehung des frühneuzeitlichen Reichstages aus den beiden spätmittelalterlichen Wurzeln der königlichen Hoftage und der Königslosen Tage, den von den Kurfürsten bestrittenen Versammlungen, sowie aus dem langsamen Prozeß der Anlagerung der anderen Reichsstände an diese plausibel gemacht zu ha- Die Erklärung P. MORAWS ben [Nr. 474: Versuch über die Entstehung des Reichstags]. Im Kontext der kontinuierlich fortschreitenden „Verdichtung" auch des Heiligen Römischen Reiches [Nr. 217: P. MORAW, Von offener Verfassung zu gestalteter Verdichtung] wurden Römischer König und Kaiser, Kurfürsten und übrige Reichsstände bis zum Ende des 15. Jahrhunderts im Reichstag zusammengeführt; erst in dieser Zeit tauchte auch der Begriff „Reichstag" in den Quellen auf.

Mit seiner konsequenten genetisch-mediävistischen Sichtweise hat MORAW entschieden dem von der älteren Forschung entwickelten anstaltsstaatlichen Reichstagsmodell widersprochen, das auch noch F. H. SCHUBERTS großer Monographie zugrundeliegt [Nr. 506: Die Reichstage in der Staatslehre der frühen Neuzeit], deren doppeltes Verdienst es allerdings ist, auf breitester Basis die Rolle der Reichstage im politischen Denken des Spätmittelalters und der Frühen Neuzeit untersucht und damit überhaupt auf den Reichstag als jene Institution aufmerksam gemacht zu haben, für die es keine zusammenfassende Geschichte gibt. Zugleich hat sich MORAW gegen alle Bemühungen gewandt, den sich an der Wende vom 15. zum 16. Jahrhundert in Teilnehmerkreis, Organisation und Ablauf verfestigenden Reichstag im Sinne eines modernen Parlamentes zu verstehen, wie es G. OESTREICHS Beschäftigung mit dem Reichstag auch im Sinne seiner Einordnung in eine Vorgeschichte des Parlamentarismus nahelegt [Nr. 484: Zur parlamentarischen Arbeitsweise der deutschen Reichstage unter Karl V. (1519–1556)]. Da sich von oben entstandener frühneuzeitlicher Reichstag und von unten gebildetes spätneuzeitliches Parlament grundlegend unterscheiden und in ihrer Zuordnung zu ständischer bzw. staatsbürgerlicher Gesellschaft bestimmt sind, erweisen sich Begriffsbildungen wie „Ständeparlament", die beide miteinander zu verbinden suchen, zur Definition des frühneuzeitlichen Reichstages nicht adäquat oder doch zumindest mißverständlich.

Gleichwohl ist nicht zu übersehen, daß SCHUBERT mit seinem 1966 erschienenen Buch der Reichstagsforschung einschließlich der Fortsetzung der Arbeit an der Edition der Deutschen Reichstagsakten, über die vielfältig berichtet wurde [Nr. 497: A. SCHINDLING, Reichstagsakten und Ständeforschung; Nr. 470: H. LUTZ/A. KOHLER (Hrsg.), Aus der Arbeit an den Reichstagen unter Kaiser Karl V.; Nr. 428: H. ANGERMEIER/E. MEUTHEN (Hrsg.), Fortschritte in der Geschichtswissenschaft durch Reichstagsaktenforschung; Nr. 473: E. MEUTHEN (Hrsg.), Reichstage und Kirche], wichtige Impulse gegeben hat und daß OESTREICH mit seinem erstmals 1972 erschienenen Aufsatz das wissenschaftliche Interesse auf die Binnenstruktur des Reichstages im

Ständeversammlung versus Parlament

Edition der Reichstagsakten

Binnenstruktur des
Reichstages im
16. Jahrhundert

16. Jahrhundert gelenkt hat. Während R. AULINGER sich dem Reichstag zwischen 1521 und 1582 unter Berücksichtigung aller verfügbaren schriftlichen und bildlichen Quellen in bewußt beschreibender Absicht näherte und ihr Augenmerk besonders auf alle an ihm in höchst unterschiedlichen Funktionen beteiligten Personen, auf seinen formalen Ablauf und auf die ihn begleitenden zahllosen festlichen Ereignisse richtete, gleichsam für sechs Jahrzehnte in typologischer Analyse sein Bild entstehen ließ [Nr. 430: Das Bild des Reichstages im 16. Jahrhundert], wandte sich H. NEUHAUS dem Reichstag als Verfassungsinstitution des Heiligen Römischen Reiches in seiner Konsolidierungsphase der ersten Hälfte des 16. Jahrhunderts zu [Nr. 479: Reichstag und Supplikationsausschuß]. Ihm ging es um die Arbeitsweise des Reichstages als zentrales politisches Entscheidungsgremium des Reiches auf allen seinen Ebenen, wobei der von der älteren Forschung weitgehend übersehene und sowohl in seiner unmittelbaren praktischen Bedeutung für jeden einzelnen Reichstag wie in seinen weitreichenden verfassungsgeschichtlichen Wirkungen unterschätzte Bereich höchst unterschiedlicher Ausschüsse unterhalb der drei Kollegien des Kurfürsten-, Fürsten- und Reichsstädterates, denen noch F. H. SCHUBERT „nur akzidentiellen Charakter" beimaß [Nr. 506: Die Reichstage in der Staatslehre der frühen Neuzeit, 256], verstärkt ins Blickfeld gerückt wurde. Die Reichsstände sahen sich „zwecks Intensivierung ihrer reichspolitischen Partizipation bei gleichzeitig wachsenden und komplizierter werdenden Problemen zur Anwendung effektiverer Arbeitsweisen veranlaßt", die sie unter Heranziehung fachlicher Kompetenz in innerkurialen und interkurialen/interständischen Ausschüssen fanden. Mit ihrer kuriale und ständische Abgrenzungen durchbrechenden Bildung wurde auf der Beratungsebene ein Prozeß „reichsständischer Nivellierung" eingeleitet [Nr. 481: H. NEUHAUS, Wandlungen der Reichstagsorganisation in der

Neueste Ansätze

ersten Hälfte des 16. Jahrhunderts, 135]. Zugleich erwuchs aus diesem institutionengeschichtlich geprägten, auf die Analyse von Organisationsstrukturen zielenden Ansatz die Einsicht in die Notwendigkeit, „den Einfluß von Verhaltensnormen, die Wirkung politischer Ideen, die problem- und situationsbedingt variablen Verhandlungsstrategien, die personal geprägten Vorgänge" stärker zu berücksichtigen [Nr. 468: A. P. LUTTENBERGER, Reichspolitik und Reichstag unter Karl V.: Formen zentralen politischen Handelns, 19]. In der Forschung herrscht weitgehend Übereinstimmung darüber, daß der frühneuzeitliche Reichstag als formales System und informelles Beziehungsgeflecht zu begreifen ist, der nicht durch Abgeschlossenheit, sondern durch Offenheit gekennzeichnet ist. Das wird nicht zuletzt dadurch unterstrichen, daß es keine feste Geschäftsordnung und keine Periodizität gab und daß die Tagungsorte wechselten.

Die neuere Forschung hat das herkömmliche Bild des Reichstages grundlegend verändert, indem sie sich entweder einzelnen reichsständischen Versammlungen dieser Art oder übergreifenden Einzelfragen zuwandte. Die Wormser Reichstage von 1495 [Nr. 193 : H. ANGERMEIER, Die Reichsreform 1410–1555, 164–184; Nr. 427: H. ANGERMEIER, Der Wormser Reichstag 1495 in der politischen Konzeption Maximilians I.; Nr. 423: H. ANGERMEIER, Bayern und der Wormser Reichstag 1495], zu dem auch die Akten ediert vorliegen [Nr. 87: Deutsche Reichstagsakten unter Maximilian I., Bd. 5, bearb. v. H. ANGERMEIER] und von 1521 [Nr. 491: F. REUTER (Hrsg.), Der Reichstag zu Worms von 1521] sowie der Augsburger von 1530 [Nr. 454: E. ISERLOH (Hrsg.), Confessio Augustana und Confutatio; Nr. 476: H. NEUHAUS, Der Augsburger Reichstag des Jahres 1530] haben dabei besondere reichsverfassungsgeschichtliche Aufmerksamkeit gefunden. Der sog. Luther-Reichstag von 1521 und der sog. Konfessions-Reichstag von 1530 waren in der älteren Forschung vornehmlich im reformationsgeschichtlichen Kontext gesehen worden. Auch die Akten des Regensburger Reichstages von 1532 sind seit kurzem ediert [Nr. 86: Deutsche Reichstagsakten unter Karl V., Bd. 10, bearb. v. R. AULINGER]. Im Zusammenhang mit solchen Einzelreichstagen haben zudem die Tagungsorte, auf die sich Kaiser und Kurfürsten gemäß den Wahlkapitulationen verständigen mußten, verstärktes Interesse geweckt [Nr. 485: L. PETRY, Zur Bedeutung von Worms als Reichstagsstadt; Nr. 422: D. ALBRECHT (Hrsg.), Regensburg – Stadt der Reichstage; Nr. 515: W. ZIEGLER, Die Regensburger Reichstage der Frühen Neuzeit], zuletzt auch unter Aspekten wie Alltag, Reise, Fest und Recht [Nr. 458: A. KOHLER/H. LUTZ (Hrsg.), Alltag im 16. Jahrhundert, 174–326].

Einzelne Reichstage zu Beginn der Neuzeit

Außer durch Intensivierung im Zeitraum der ersten Hälfte des 16. Jahrhunderts ist die Erforschung des Reichstages durch ihre Ausdehnung auf die Zeit nach Karl V. gekennzeichnet. Die 1986 erfolgte Gründung einer vierten Reihe im Rahmen des Editionsunternehmens „Deutsche Reichstagsakten" verdeutlicht dies, zeigt mit dem Reihentitel „Reichsversammlungen 1556–1662" und den bisher erschienenen Bänden aber zugleich auch eine Erweiterung über den traditionellen Reichstag hinaus auf andere, nach 1555 ergänzend zu ihm bedeutsam werdende Typen von Reichsversammlungen an, die im übrigen nicht mit der reichsrechtlichen Verankerung der konfessionellen Spaltung im Augsburger Religionsfrieden im Zusammenhang stehen oder gar von ihr bedingt wurden [Nr. 85: Der Reichstag zu Speyer 1570, bearb. v. M.

Reichstag in der zweiten Hälfte des 16. Jahrhunderts

LANZINNER; Nr. 85: Der Reichsdeputationstag zu Worms 1586, bearb. v. T. FRÖSCHL]. Auch wenn die Reichstage der zweiten Hälfte des 16. Jahrhunderts Kristallisationspunkte und Marksteine der Reichsgeschichte blieben, unter Einbeziehung der übrigen Reichsversammlungen lassen sich die Gründe für die Erhaltung der von zentrifugalen Kräften bedrohten Einheit des Heiligen Römischen Reiches klarer herausarbeiten.

2. Alternativen zum Reichstag bis 1648

Andere reichsständische Versammlungen

Der Dynamik der Reichstagsverfassung entspricht es, daß sich von der Mitte des 16. bis zum Beginn des 17. Jahrhunderts mit Reichskreistagen, intercircularen Tagungen und Reichsdeputationstagen weitere Formen reichsständischer Versammlungen herausbilden konnten, deren jeweilige Definition auch das Nachdenken darüber neu belebt hat, was ein Reichstag ist [Nr. 480: H. NEUHAUS, Reichsständische Repräsentationsformen]. Ließen sich in diesem Kontext die Wormser Reichsversammlungen des Jahres 1535 im Zusammenhang mit der Bekämpfung der Wiedertäuferherrschaft im westfälischen Münster eindeutig als Reichstage definieren [Ebd., 60–144; Nr. 478: H. NEUHAUS, Das Reich und die Wiedertäufer von Münster], so wurde zugleich eine Fülle reichsständischer Beratungsformen aus den Akten erarbeitet, die sich aus jeweiligen politischen Erfordernissen und Machtkonstellationen zwischen Kaiser und Reichsständen bzw. zwischen den reichsständischen Gruppierungen sowie dem verstärkten Bemühen um sachbezogene Effektivität erklärt und Ausdruck der Offenheit und Beweglichkeit der gesamten Reichsverfassung im 16. und 17. Jahrhundert waren. Aber in dem Maße, in dem die hauptsächlich für so sensible Politikbereiche wie „Landfrieden" und „Steuern" zuständigen Reichskreis- und Reichsdeputationstage im Begriff waren, den traditionellen Reichstag ganz oder teilweise zu ersetzen, in dem Maße stießen sie mit ihren durch die intercirculare und interständische Zusammensetzung angelegten Möglichkeiten zur Teilnahme des Heiligen Römischen Reiches am Rationalisierungsprozeß des frühmodernen Staates auf verfassungskonservative Zwänge, die vor allem die Kurfürsten zur Geltung brachten [Nr. 482: H. NEUHAUS, Zwänge und Entwicklungsmöglichkeiten]. Die Folge war, daß sich der Reichstag als alleinige oberste reichsständische Versammlung an der Wende vom 16. zum 17. Jahrhundert behauptete, daß nach Eintritt seiner Funktionsunfähigkeit in den Jahren

1608 und 1613 aber nicht Reichskreistag oder Reichsdeputationstag erneut an Bedeutung gewannen, sondern vor allem die Kurfürsten, wie die zahlreichen Kurfürstentage (1627, 1630, 1636/37, 1640) während des Dreißigjährigen Krieges zeigen [Nr. 421: D. ALBRECHT, Der Regensburger Kurfürstentag 1630; Nr. 449: H. HAAN, Der Regensburger Kurfürstentag von 1636/37]. Während der einzige Reichsdeputationstag dieser Zeit schon zur Vorgeschichte der Friedensverhandlungen von Münster und Osnabrück gehört [Nr. 455: R. v. KIETZELL, Der Frankfurter Deputationstag von 1642–1645], verweist der einzige Reichstag [Nr. 435: K. BIERTHER, Der Regensburger Reichstag von 1640/1641] bereits auf die „Redintegration" dieser Verfassungsinstitution im Westfälischen Frieden [Nr. 506: F. H. SCHUBERT, Die deutschen Reichstage in der Staatslehre der frühen Neuzeit, 321], nachdem Kaiser Ferdinand II. während des Dreißigjährigen Krieges versucht hatte, „das Reich ohne den Reichstag, nur gestützt auf die Kurfürsten, zu regieren" [Nr. 498: A. SCHINDLING, Der Westfälische Frieden und der Reichstag, 115].

Im Zusammenhang mit der Edition der Akten des Westfälischen Friedenskongresses sind die bisher einzigen Arbeiten zu zwei der drei Reichstagskurien entstanden. W. BECKER hat sich dem Kurfürstenrat zugewandt und dabei – bedingt durch seine Edition der Protokolle der Beratungen der kurfürstlichen Kurie 1645–1647 [Nr. 65: Acta Pacis Westphalicae, Serie III, Abt. A, Bd. 1,1] – vor allem seine Stellung in den Verhandlungen zur Beendigung des Dreißigjährigen Krieges behandelt, lediglich im Überblick die Entwicklung in der Reichsverfassung und als eines der wichtigsten Reichstagsgremien vom 14. Jahrhundert bis dahin [Nr. 431: Der Kurfürstenrat]. Und auch G. BUCHSTABS Beschäftigung mit dem Reichsstädterat ist fest in den westfälischen Friedensverhandlungen verankert – er hat die Protokolle der Beratungen der Osnabrücker Städtekurie 1645–1649 ediert [Nr. 65: Acta Pacis Westphalicae, Serie III, Abt. A, Bd. 6] –, ohne daß diese seit der Wende vom 15. zum 16. Jahrhundert stets um ihre Gleichberechtigung besorgte und in ihrer Existenz gefährdete Reichstagskurie als solche zum Gegenstand wurde [Nr. 319: Reichsstädte, Städtekurie und Westfälischer Friedenskongreß]. Allerdings fehlt eine Geschichte des Reichsfürstenrates vollständig, der mit geistlichen und weltlichen Reichsfürsten sowie Reichsprälaten und Reichsgrafen nicht nur sehr viel komplizierter als Kurfürstenrat und Reichsstädterat zusammengesetzt war, sondern auch über zweierlei Stimmarten verfügte: fürstliche Virilstimmen sowie reichsprälatische und reichsgräfliche Kuriatstimmen [Nr. 440: W. DOMKE, Die Viril-Stimmen im Reichs-Fürstenrat von 1495 bis 1654].

Kurfürstenrat und Reichsstädterat

3. Reichstag und Reichspolitik bis 1648

Reichstag und Kon-
fessionalisierung
Der Reichstag in der ersten Hälfte des 16. Jahrhunderts, in seiner Formierungsphase, interessierte vor allem als Institution. Aber je mehr er
sich verfestigte, desto stärker rückte er auch als Ort reichspolitischen
Geschehens ins Blickfeld der Forschung, die sich den auf ihm immer
wieder behandelten zentralen Problemen der Reichspolitik zuwandte.
Nach spezifisch reformationsgeschichtlichen Themen wie der Verfas-
sungs- und Religionspolitik Karls V. auf dem Augsburger Reichstag
von 1547/48 [Nr. 489: H. RABE, Reichsbund und Interim] fand die
grundlegende politische Frage der Erhaltung des Reichsfriedens angesichts der konfessionellen Spaltung besonderes Interesse. In einer breit
angelegten, vom Augsburger Konfessions-Reichstag des Jahres 1530
bis zum Passauer Vertrag von 1552 reichenden Studie hat sich A. P.
LUTTENBERGER den „Konzeptionen und Wege[n] konfessionsneutraler
Reichspolitik" gewidmet und das Entstehen, die Ausbreitung und die
Ausgestaltung einer säkularen Friedenskonzeption in ihren Bedingun-
gen und Hintergründen nachgezeichnet. Diese wurde vor allem von
Kurpfalz, Jülich und Kurbrandenburg als den „exponiertesten Vertreter[n] nicht konfessionsspezifischer Reichspolitik" verfolgt, bemüht
um die Realisierung einer dritten Möglichkeit neben den festgefügten
„ordnungspolitischen Grundkonzeptionen" der Lutheraner und Katho-
liken [Nr. 466: Glaubenseinheit und Reichsfriede, 8].

Reichstag und
Friedenssicherung
Nach dem epochemachenden Augsburger Reichstag des Jahres
1555, der bisher keine umfassende Darstellung gefunden hat, rückte neben der Friedenssicherung im Inneren, für die 1555 das Instrument der
Reichsexekutionsordnung geschaffen worden war [Nr. 457: A. KOH-
LER, Die Sicherung des Landfriedens im Reich; Nr. 467: A. LUTTENBER-
GER, Landfriedensbund und Reichsexekution], das Problem der Einheit
des Heiligen Römischen Reiches in den Vordergrund. Erschüttert von
den Auswirkungen der konfessionellen und politischen Auseinandersetzungen in Frankreich und in den Niederlanden durch von außen
kommende Söldnerhaufen, die den Landfrieden gefährdeten, und angesichts der konfessionellen Polarisierung im Reich nach Abschluß des
Konzils von Trient gewannen diese zentralen Fragen in ihrer Verknüp-
fung miteinander zunehmend an Bedeutung. Sie bestimmten vor und
nach dem Speyerer Reichstag von 1570 die politischen Debatten in einer Vielzahl von Versammlungen auf Reichs- und Reichskreisebene.
Dieser dichten Kommunikation zwischen den Reichsständen und zwischen diesen und Kaiser Maximilian II. gilt das Interesse M. LANZIN-

NERS, der in ihrem Funktionieren und ihrer Vielfalt zu Recht „die Vita-
lität des Reichs mit seiner offenen, nur wenig auf Zwang ausgerichteten
Verfassung" begründet sieht und für die Jahre von 1564–1576 überzeugend herausarbeitet, wie die Reichsstände eine höhere Mitverantwor-
tung als früher für das Reich übernahmen: „Die Festigung des Liber-
tätsprinzips war wenigstens 1564–76 nicht so sehr Folge der reichsständischen Selbstbehauptung als Folge des gelungenen Bemühens von
Kaiser und Reichsständen um Integration. Denn gerade das Libertäts-
prinzip garantierte den notwendigen Spielraum zwischen Selbständig-
keit und Bindung, um die ungemein verschiedenartigen Territorien in
einem politischen Verband zu halten und diesen Verband langfristig zu
stabilisieren" [Nr. 463: Friedenssicherung und politische Einheit des
Reiches unter Kaiser Maximilian II. (1564–1576), 141, 527]. Der Rolle
der von außen in das Reich einwirkenden westeuropäischen Macht-
und Religionskämpfe hatte er sich bereits früher exemplarisch zugewandt [Nr. 461: M. LANZINNER, Der Aufstand der Niederlande und der
Reichstag zu Speyer 1570], aber auch den energisch vorgetragenen Ge-
danken Lazarus von Schwendis, des profiliertesten Ratgebers Kaiser
Maximilians II. [Nr. 464: M. LANZINNER, Friedenssicherung und Zentralisierung der Reichsgewalt; Nr. 462: Die Denkschrift des Larzarus
von Schwendi zur Reichspolitik (1570)], der hinsichtlich seiner reichspolitischen Bemühungen von T. NICKLAS umfassend gewürdigt wurde
[Nr. 483: Um Macht und Einheit des Reiches] und zumindest in dieser
Hinsicht kein „unerledigtes Thema der historischen Forschung" mehr
ist [Nr. 505: R. SCHNUR, Lazarus von Schwendi (1522–1583), 27]. Bemerkenswert ist LANZINNERS Ergebnis, daß – „trotz des von Schwendi
gesteuerten Vorstoßes von 1570" – „für die Regierungszeit Maximilians II. entgegen bisherigen Auffassungen keinesfalls" von einem
„Kampf zwischen Kaiser und Ständen um die Reichsgewalt" gesprochen werden kann [Nr. 463: Friedenssicherung und politische Einheit
des Reiches unter Kaiser Maximilian II. (1564–1576), 527].

Die Bereitschaft der Reichsstände, sich stärker für das Gesamt-
reich verantwortlich zu fühlen, wuchs aber nicht nur angesichts der von
den westeuropäischen Nachbarn ausgehenden Bedrohungen mit ihren
Konsequenzen für die Gefährdung des Landfriedens, sondern auch angesichts der in den 1570er Jahren wieder bedrohlicher werdenden Türkengefahr, zu deren Abwehr immer mehr Finanzmittel bereitgestellt
werden mußten. W. SCHULZE hat sich im Zusammenhang mit der Türkengefahr ausführlich der „politische[n] Entscheidungsfindung im
Reich" gerade am Beispiel des Reichstages, dann auch der Kreistage
zugewandt und überzeugend gezeigt, daß auch auf den „Türkenreichs-

Reichstag und
Türkengefahr

tagen" zwischen 1576 und 1603 bei aller wachsenden konfessionspolitischen Gegensätzlichkeit „letztlich die Fähigkeit des Reiches zur gemeinsamen Abwehr der Bedrohung erhalten blieb" [Nr. 509: Reich und
Türkengefahr im späten 16. Jahrhundert, 67, 366]. Dies galt nicht nur
hinsichtlich der generellen „außenpolitischen" Beschlußfassung, sondern insbesondere auch hinsichtlich der von der äußeren Bedrohung er-
zwungenen Gestaltung des gesamten Reichsfinanzwesens [Nr. 510: W.
SCHULZE, Reichstage und Reichssteuern im späten 16. Jahrhundert].
SCHULZE konnte nicht nur herausarbeiten, daß in einem „Zeitraum
höchster innenpolitischer Kontroversität die außenpolitische Basis-
funktion des Reichsverbandes in ihrer notwendigen Wirksamkeit" bestehen blieb und sein Selbstbehauptungswille sich gerade auf den
Reichstagen der zweiten Hälfte des 16. Jahrhunderts artikulierte, sondern er kam auch zu einer – im Gegensatz zur älteren Forschung – sehr
viel positiveren Einschätzung der „Steuermoral" der Reichsstände [Nr.
507: Die Erträge der Reichssteuern zwischen 1576 und 1606, 185],
wenn er aufgrund seiner Berechnungen feststellen konnte, „daß die
tatsächliche Bezahlung der Steuer in den Jahren 1576–1606 mit 88%
doch überraschend hoch ausfällt". Zum anderen ist ebenso bemerkenswert, daß von den Reichsständen die Kurfürsten und Reichsfürsten die
schlechtesten Zahler waren: „Die tatsächliche Steuerzahlung verlief
also genau umgekehrt zur politischen Bedeutung der Ständegruppen
auf den Reichstagen" [Nr. 509: Reich und Türkengefahr im späten
16. Jahrhundert, 363].

Reichstag und   Anhand zweier im Kurfürstenrat des Speyerer Reichstages von
Reichssteuern   1544 vorgelegter Gutachten hat E. ELTZ die Grundfragen der Reichssteuerproblematik im 16. Jahrhundert exemplarisch vor dem Hintergrund behandelt, „daß dem Reich damals mit der Wormser Matrikel
und dem gemeinen Pfennig zwei prinzipiell verschiedene steuertechni-
sche Möglichkeiten zur Finanzierung gemeinsamer und übergreifender
Unternehmungen offenstanden"; seinem „mit aller Vorsicht" vorgetragenen Ergebnis, daß es „eine Korrelation zwischen sich entwickelnden
und verfestigenden territorialen Herrschaftsstrukturen und der Bevor-
zugung der Wormser Matrikel" gibt, „während möglicherweise gerade
die Masse der kleinen und kleinsten Reichsstände in ihrer Unfähigkeit,
Flächenstaaten auszubilden, und aufgrund ihrer relativen Armut ten-
denziell einer proportionalen, ihren Vermögensverhältnissen angepaß-
ten Steuer zuneigte", also dem Gemeinen Pfennig [Nr. 441: Zwei Gutachten des Kurfürstenrates, 276, 300], ist voll und ganz zuzustimmen.
Es kann als ein überzeugendes Beispiel für die breiter zu untersuchende
Interdependenz von Staatsverfassung und Finanzverfassung nicht nur

in der Frühen Neuzeit gelten. Vorgeschichte, Entstehung sowie verfassungsgeschichtliche, politische und finanzielle Bedeutung des Gemeinen Pfennigs sind grundlegend von P. SCHMID untersucht worden [Nr. 502: Der Gemeine Pfennig von 1495].

Erst die beiden Reichsversammlungen von 1608 und 1613 als letzte vor dem Ausbruch des Dreißigjährigen Krieges offenbarten, daß sich die immer gegensätzlicher gewordenen konfessionellen Gruppierungen „nicht mehr auf eine friedliche ‚Komposition' ihrer Konflikte einigen [konnten]. Damit war der Reichstag nicht mehr der Ort, an dem die Streitigkeiten zwischen den Ständen und dem Kaiser ausgetragen werden konnten" [Nr. 233: W. SCHULZE, Deutsche Geschichte im 16. Jahrhundert, 166]. Bis dahin aber blieb der Reichstag trotz der Konfessionsproblematik funktionsfähig. Daran hatten die Kurfürsten einen wesentlichen Anteil, die sich in zunehmendem Bewußtsein ihrer gesamtreichischen Verantwortung der Erhaltung der Einheit des Heiligen Römischen Reiches verpflichtet sahen.

Lähmung des Reichstages 1608/ 1613

Die Form, in der die Reichsstände nach langen Auseinandersetzungen um ihre Mitwirkung – untereinander und mit Kaiser Ferdinand III. – schließlich an den Friedensverhandlungen in Münster und Osnabrück teilnahmen, war – bei allen schon allein durch die gleichzeitigen Beratungen an zwei Tagungsorten gegebenen Besonderheiten und Kompliziertheiten – die eines „Reichstag[es] ohne den Namen eines solchen" [Nr. 203: F. DICKMANN, Der Westfälische Frieden, 187]. Ihre Teilnahme mit Sitz und Stimme gegen den Kaiser durchgesetzt zu haben, bedeutete eine empfindliche Niederlage für diesen, der sich gerade mit der Behauptung eines monarchischen Rechtes zum Abschluß internationaler Verträge seit einundhalb Jahrhunderten von der Partizipation des Reichstages befreien wollte. Der Reichstag wurde sogar in den Rang „einer gewissermaßen ‚Verfassungsgebenden [sic!] Versammlung'" gehoben [Nr. 498: A. SCHINDLING, Der Westfälische Frieden und der Reichstag, 114], konnte aber die ihm für sein erstes Zusammentreten nach dem Westfälischen Frieden aufgetragenen Aufgaben nicht lösen, weshalb G. OESTREICH mit Blick auf die Ergebnisse des Regensburger Reichstages von 1653/54 von „eine[r] abgebrochene[n] Verfassungsreform" gesprochen hat, „denn eine geordnete zentrale oder gar regionale Regierungs- und Verwaltungsorganisation im Reich blieb aus" [Nr. 176: Vom Herrschaftsvertrag zur Verfassungsurkunde, 60].

Reichstag und Westfälischer Frieden

4. Der Immerwährende Reichstag und seine Funktion in der Reichspolitik

Immerwährender
Reichstag: kein
„Parlament des alten
Reiches"!

Die mit dem Jüngsten Reichsabschied endende Reichsversammlung von 1653/54 war die letzte in der Reihe der nichtpermanenten Reichstage. Mit dem Regensburger Reichstag von 1663 begann die bis 1806 reichende Epoche des Immerwährenden Reichstages, ohne daß ein Beschluß zur permanenten Tagung erfolgt wäre. In der älteren Forschung hat er – wie die Reichsgeschichte der zweiten Hälfte der Frühen Neuzeit – weit weniger Beachtung gefunden als die Reichstage des 16. Jahrhunderts. Er wurde so gut wie gar nicht aus gesamtreichischer Perspektive behandelt – sieht man einmal von Darstellungen wie denen B. ERDMANNSDÖRFFERS [Nr. 206: Deutsche Geschichte vom Westfälischen Frieden bis zum Regierungsantritt Friedrichs des Großen 1648–1740] oder H. E. FEINES [Nr. 146: Zur Verfassungsentwicklung des Heiligen Römischen Reiches seit dem Westfälischen Frieden] ab –, sondern allenfalls aus partikularem Blickwinkel für eng begrenzte Zeiträume. Nach 1945 hat sich zunächst vor allem W. FÜRNROHR dem Immerwährenden Reichstag zugewandt, der freilich durch seine unkritische Anwendung des modernen Parlamentarismus-Modells die Sicht auf ihn als einer Reichsverfassungsinstitution des 17. und 18. Jahrhunderts verstellt hat, wenn er ihn als „das Parlament des alten Reiches" definierte oder in ihm „eine Frühform des Parlamentarismus und des Föderalismus" sah [Nr. 445: Der Immerwährende Reichstag zu Regensburg, 3, 5]. Auch seine halbherzige Korrektur in ein Verständnis des Immerwährenden Reichstages als „die Repräsentation des alten Reiches" hat daran nicht viel verändert, zumal er ihn „als die rechtmäßige Vertretung des Reichsvolkes", als „ständische ‚Volksvertretung'" mißverstand, freilich mit dem für seine Sichtweise konsequenzlosen Hinweis, daß sie „gänzlich anders geartet war als eine demokratische Volksvertretung" [Nr. 444: Der Immerwährende Reichstag – die Repräsentation des alten Reiches, 684, 688]. Sieht man von solchen irreführenden und falschen Feststellungen ab, daß „dieser Reichstag zum gesamtdeutschen Parlament" wurde, weil sie das Alte Reich zugleich nationalstaatlich begreifen, so hat sich FÜRNROHR gleichwohl verdienstvoll den handelnden Personen im Reichstag zugewandt [Nr. 446: Kurbaierns Gesandte auf dem Immerwährenden Reichstag; Nr. 443: Gesandtennepotismus auf dem Immerwährenden Reichstag; Nr. 447: Die Vertreter des habsburgischen Kaisertums auf dem Immerwährenden Reichstag; Zitat: Teil 1, 81]. Er gab damit die Anregung, über personengeschichtliche Analysen zu einem tieferen Verständnis der vielschichtigen Zusammenhänge zu gelangen, in denen der Reichstag in den letzten 143 Jahren seiner Existenz zu sehen ist.

In Anknüpfung an die neu ansetzende Erforschung der Reichstage des 16. Jahrhunderts hat A. SCHINDLING entschieden hervorgehoben, daß auch der Immerwährende Reichstag „die vom Herkommen geprägte Vertretungsinstitution der kurfürstlichen, fürstlichen und nicht fürstlichen deutschen Reichsstände [war und blieb]", und gefordert, daß er „als ständisches Phänomen gewürdigt werden [sollte]", als – im Vergleich zu anderen Ständeversammlungen Europas – „einmalige Besonderheit des deutschen Reichstags" [Nr. 495: Die Anfänge des Immerwährenden Reichstags zu Regensburg, 6]. Anhand der erstmals ausgewerteten archivalischen Aktenüberlieferung bis 1684 kann er zeigen, wie der Reichstag der Zeit nach 1663 keineswegs etwa durch einen reichsgrundgesetzlichen Beschluß als immerwährend konstituiert wurde, sondern allmählich seine Permanenz entwickelte, angelegt in den Bestimmungen des Westfälischen Friedens zur Reichsverfassung.

A. SCHINDLINGS Neuansatz

Abgesehen von gelegentlichen Beschäftigungen mit den im Westfälischen Frieden geschaffenen konfessionellen *Corpora* [Nr. 514: F. WOLFF, Corpus Evangelicorum und Corpus Catholicorum auf dem Westfälischen Friedenskongreß] und der als Verbindungsstelle zwischen den in Regensburg vertretenen Reichsständen und dem in Wien residierenden Kaiser immer wichtiger werdenden Prinzipalkommission [Nr. 486: M. PIENDL, Prinzipalkommissariat und Prinzipalkommissare am Immerwährenden Reichstag], deren Akten in einer Mikrofiche-Edition vorliegen [Nr. 131: Akten der Prinzipalkommission des Immerwährenden Reichstages zu Regensburg 1663 bis 1806], hat der Immerwährende Reichstag als Institution der Reichsverfassung kaum das Interesse der Historiker gefunden. Gesamtreichische Aktivitäten des zu einem Gesandtenkongreß entwickelten Regensburger Reichstages fanden ihre Grenzen im notwendigen Konsens zwischen Kaiser und Reichsständen, der meistens nur in äußerst zeitraubenden Verhandlungen nach Überwindung zahlloser individueller Interessen zu erreichen war. In der Forschung haben denn auch nur drei Bereiche des politischen Handelns eine gewisse Aufmerksamkeit gefunden, aus denen gleichwohl das Bemühen des Immerwährenden Reichstages um die „Erhaltung der Einheit des Heiligen Römischen Reiches" ablesbar ist.

Lückenhafte Erforschung des Immerwährenden Reichstags

H. WENKEBACH hat dies anhand der Vielzahl von Reichsschlüssen von 1663 bis 1806 gezeigt, die nach 1654 an die Stelle der zusammenfassenden Reichsabschiede jedes einzelnen Reichstages traten. Er sieht dieses Bemühen einmal konkretisiert in den „Bestrebungen zur Schaf-

Reichstag und Reichskriegsverfassung

fung einer einheitlichen Kriegsverfassung", zum anderen in denen „zur
Erhaltung der Reichs- und Rechtseinheit in der Wirtschaftsgesetzge-
bung des Reiches" [Nr. 512: Bestrebungen zur Erhaltung der Einheit
des Heiligen Römischen Reiches, 44 ff., 104 ff.]. Während die Schaffung einer Reichskriegsverfassung auch über 1681/82 hinaus eine Dau-
eraufgabe des Reiches blieb, die angesichts der mit ihr zu lösenden
Grundfrage eines mehr monarchisch-zentralistisch oder mehr stän-
disch-föderalistisch geprägten Reiches im Rahmen der mit dem Westfälischen Frieden gegebenen Verfassungsordnung nicht endgültig gelöst wurde [Nr. 601: H. NEUHAUS, Das Problem der militärischen Exekutive in der Spätphase des Alten Reiches], gehört die Wirtschaftsge-
setzgebung für das Reich zu den großen Taten des Reichstages im
18. Jahrhundert, denn damit schuf er die Rahmenbedingungen für eine
vorbildliche Wirtschaftsordnung [Nr. 438: J. BOG, Der Reichsmerkantilismus; Nr. 437: F. BLAICH, Die Wirtschaftspolitik des Reichstages im
Heiligen Römischen Reich]. An der Reichshandwerksordnung von
1731 wie an der übrigen Regensburger Gewerbegesetzgebung orien-
tierten sich zahlreiche Reichsterritorien bei der Formulierung ihrer eigenen Regelungen [Nr. 488: H. PROESLER, Das gesamtdeutsche Handwerk im Spiegel der Reichsgesetzgebung von 1530 bis 1806; Nr. 436:
F. BLAICH, Das zünftige Handwerk als Problem des Immerwährenden
Reichstags]. Wie kaum ein anderer Gegenstand beschäftigte den
Reichstag darüber hinaus das Problem der Schaffung einer einheitlichen Reichsmünze, ohne hier allerdings erfolgreich zu sein [Nr. 439: T.
CHRISTMANN, Das Bemühen von Kaiser und Reich um die Vereinheitlichung des Münzwesens].

Der dritte Bereich, in dem politisches Handeln des Immerwährenden Reichstages faßbar wird, ist der der Außenpolitik. Die Funktion des
Heiligen Römischen Reiches innerhalb der Staatenwelt Europas nach
dem Westfälischen Frieden wurde sehr wesentlich auch in Regensburg
bestimmt. In der Forschung wird sie – wie schon von den Zeitgenossen
des 17. und 18. Jahrhunderts – vor allem in der Erhaltung des Friedens
gesehen und der Beitrag des Reichstages dazu – trotz der Zustimmung
zu neun Reichskriegserklärungen zwischen 1664 und 1801 – hoch ver-
anschlagt [Nr. 601: H. NEUHAUS, Das Problem der militärischen Exekutive in der Spätphase des Alten Reiches]. Vor allem ältere Arbeiten
widmen sich in zeittypischer eingeschränkter Sichtweise und auf parti-
kularer Quellenbasis der Rolle des Reichstages in bestimmten Zeiträu-
men [Nr. 448: G. GRANIER, Der deutsche Reichstag während des spanischen Erbfolgekrieges; Nr. 434: A. BIEDERBICK, Der Deutsche Reichstag zu Regensburg im Jahrzehnt nach dem Spanischen Erbfolgekrieg

1714–1724; Nr. 472: F. MEISENBURG, Der deutsche Reichstag während des österreichischen Erbfolgekriegs; Nr. 493: J. SCHICK, Der Reichstag zu Regensburg im Zeitalter des Baseler Friedens 1792–1795], während heute der „Regensburger Reichstag als Grundlage eines europäischen Friedensmodells" interpretiert wird [Nr. 456: O. KIMMINICH, Der Regensburger Reichstag als Grundlage eines europäischen Friedensmodells, 109]. „In das Netz der Garantien und gewährleistenden Sicherungen für ein System des europäischen Friedens war der Regensburger Reichstag auf der Grundlage des Westfälischen Friedens seit 1684 als eine regulierende Stütze dauerhaft einbezogen", hat A. SCHINDLING festgestellt und seine Bedeutung „in der Friedens- und Gleichgewichtspolitik und in dem Friedensrecht Europas im 18. Jahrhundert" betont [Nr. 496: Reichstag und europäischer Frieden, 177]. Auch wenn seit kurzem eine Arbeit zur Geschichte des Immerwährenden Reichstages und ihrer Beeinflussung durch die Französische Revolution [Nr. 450: K. HÄRTER, Reichstag und Revolution 1789–1806] vorliegt und damit – nach SCHINDLINGS Monographie [Nr. 495: Die Anfänge des Immerwährenden Reichstags zu Regensburg] – sein Anfang und sein Ende grundlegende Bearbeitungen gefunden haben, so bleibt mit dem Zeitraum von 1684 bis 1789 doch noch ein Jahrhundert Reichstagsgeschichte zu erforschen, deren Kenntnis auch Voraussetzung für ein besseres Verständnis der von der Forschung weitgehend vernachlässigten Reichsgeschichte des 18. Jahrhunderts ist.

5. Mindermächtige Reichsglieder

Zu den für ein historisch adäquates Verständnis der frühneuzeitlichen Reichsverfassung wichtigsten Ergebnissen der neueren Forschung gehört, daß das Heilige Römische Reich heute sehr viel deutlicher als früher in seiner ganzen alteuropäischen Komplexität gesehen wird. Seine Behauptung als Lehnreich und Personenverbandstaat mit sehr verschiedenartigen Reichsständen und Reichsunmittelbaren bis zu seinem Ende im Jahre 1806 sowie die Erkenntnis, daß sich der Kaiser im Heiligen Römischen Reich wesentlich auf Reichsprälaten, Reichsgrafen und Reichsstädte einerseits, Reichsritter andererseits stützen konnte, hat das wissenschaftliche Interesse vor allem auf sie gelenkt. Ihre „machtpolitisch zwar unbedeutenden, aber das ganze Reich durchziehenden Herrschaftsgebiete [...] bildeten sozusagen den Mörtel des Reichs zwischen den Quadern der größeren Stände" [Nr. 197: K. O. v. ARETIN, Heiliges Römisches Reich 1776–1806, 69].

Das Reich als Personenverband

Vor dem Hintergrund der allgemeinen Erkenntnis, daß Lehensverbindungen integrierend, die Ausübung von Landesherrschaft aber desintegrierend und differenzierend wirkten, fanden diese mindermächtigen Stände besondere Aufmerksamkeit; für sie kann generell festgestellt werden, daß sie „gewissermaßen durch die Maschen der Verfassungsgeschichte gefallen" sind, wie es E. BÖHME – im Anschluß an V. PRESS auf die Reichsgrafen bezogen – formuliert hat [Nr. 317: Das fränkische Reichsgrafenkollegium, 2]. Im Blick auf ihr Zusammenwirken mit Kaiser und Reichsfürsten im Reichsverbund wird zum einen nach ihrem Beitrag zur Integration des Heiligen Römischen Reiches gefragt, in dessen Rahmen sie allein Schutz fanden und bestehen konnten. Zum anderen geht es um die Ausgestaltung ihres Verhältnisses zum Kaiser, der zur Festigung seiner Position ebenso auf sie angewiesen war – wie sie umgekehrt auf ihn –, sowie zu den ihnen benachbarten Reichsfürsten, zu denen sie in vielfältigen (auch lehnrechtlichen) Abhängigkeitsverhältnissen standen und deren Mediatisierungsabsichten im Zuge der Territorialstaatsbildung von ihnen gefürchtet wurden. Und drittens wird nach Intensität und Erfolg ihrer Anstrengungen um korporative Formierung sowie Ausgestaltung des Verhältnisses zu den Reichsinstitutionen gefragt.

Eingebettet in die Bemühungen, das Heilige Römische Reich weniger an spätneuzeitlichen anstaltsstaatlichen Kriterien zu messen, als vielmehr es gleichermaßen als formales System und informelles Beziehungsgeflecht zu verstehen, hat sich V. PRESS zunächst nicht den mindermächtigen Reichsständen, sondern der Reichsritterschaft zugewandt, und begonnen, sie in den weiten Zusammenhang von Reichsverfassung und Reichspolitik einzuordnen. In seiner grundlegenden Studie über „die Entstehung der Reichsritterschaft" hat er überzeugend das Jahr 1542 als „Geburtsjahr der neuzeitlichen Reichsritterschaft" herausgearbeitet, als die reichsunmittelbaren, aber nicht reichsständischen Ritter ihren Beitrag zum reichsrechtlich beschlossenen Gemeinen Pfennig verweigerten und ihre Leistungen außerhalb von Reichskreis- und Territorialorganisationen dem Kaiser direkt erbrachten. Von diesem Jahr an datiert ihre „Entwicklung zur organisierten Reichsritterschaft", zudem erzwungen von Kaiser Karl V. im Rahmen seiner Auseinandersetzungen mit dem selbstbewußter werdenden Landesfürstentum [Nr. 374: Kaiser Karl V., 49, 51]. In zahlreichen anderen Arbeiten hat PRESS die ganze Frühe Neuzeit berührende Grundsatzfragen [Nr. 378: Die Reichsritterschaft im Reich der frühen Neuzeit; Nr. 375: Kaiser und Reichsritterschaft] erörtert, an Beispielen prominenter Rittergestalten wie Götz von Berlichingen, Franz von Sickingen oder Ulrich von Hutten die Adelskrise des beginnenden 16. Jahrhunderts [Nr. 372: Götz von Berlichingen; Nr. 379: Ein Ritter zwischen Rebellion und Reformation; Nr. 383: Ulrich von Hutten] und am Fall des Wilhelm von Grumbach die der 1560er Jahre thematisiert [Nr. 385: Wilhelm von Grumbach] sowie beispielhaft die Stellung eines einzelnen Ritterkantons zwischen Reich und Territorium beschrieben [Nr. 380: Die Ritterschaft im Kraichgau]. Neben der Erkenntnis, daß die bekannten „Raubritter" nicht Produkte einer wirtschaftlichen Krise waren, sondern ihren Ort im frühneuzeitlichen Reichsgefüge suchten, ist hervorzuheben, daß die sich formierende Reichsritterschaft nach ihren politischen Mißerfolgen an der Wende vom 15. zum 16. Jahrhundert ihre Reichsunmittelbarkeit bis zum Ende des Alten Reiches behaupten und damit ihre selbständige Stellung neben den Reichsständen behalten konnte.

Neben der umfangreichen älteren, vorwiegend landes-, regional- und ortsgeschichtlich sowie der sozial- und wirtschaftsgeschichtlich geprägten Forschung zur Reichsritterschaft [Nr. 145: R. ENDRES, Adel in der Frühen Neuzeit] liegen nur wenige Arbeiten vor, die den von V. PRESS gewiesenen Weg beschritten haben. Hervorzuheben ist hier vor allem T. SCHULZ, der den Kanton Kocher über den Zeitraum von 1542 bis 1805 als „korporativen Adelsverband im System des alten Reiches" monographisch behandelt hat [Nr. 413: Der Kanton Kocher der Schwäbischen Reichsritterschaft 1542–1805]. Vergleichbare Arbeiten für andere Ritterkantone fehlen ebenso wie eine Gesamtdarstellung der Geschichte der Reichsritterschaft in der Frühen Neuzeit. Vielversprechend und weiterzuverfolgen sind Forschungen zu den Dienstbeziehungen, die Reichsritter seit dem 16. Jahrhundert eingingen. H. DUCHHARDT hat darauf hingewiesen, daß das Reichskammergericht von der ersten Hälfte des 17. Jahrhunderts an „als Berufsort eine bisher unbekannte Attraktivität für die Reichsritterschaft zu gewinnen begann", „Kammergericht und Reichsritterschaft [...] sich seitdem durch sich ständig intensivierende Personalverbindungen immer mehr aufeinander zu[bewegten]" [Nr. 323: Reichsritterschaft und Reichskammergericht, 322, 337]. Für die Reichskirche sind unter diesem Gesichtspunkt noch immer grundlegend H. E. FEINES Studien zur Besetzung der Bischofsstühle zwischen Westfälischem Frieden und Reichsdeputationshauptschluß [Nr. 328: Die Besetzung der Reichsbistümer], ferner neuerdings P. HERSCHES Behandlung der Domkapitel [Nr. 346: Die deutschen Domkapitel im 17. und 18. Jahrhundert]. Den Zusammenhang von Reichsritterschaft und Reichskirche in regionalem Kontext hat W. KUNDERT behandelt [Nr. 357: Reichsritterschaft und Reichskirche vornehmlich in Schwaben 1555–1803]. Bisher lediglich in ersten Ansätzen erforscht sind die Beziehungen zwi-

Ritterkantone

Reichsritter in Dienstbeziehungen

schen Reichsritterschaft und Reichsmilitär [Nr. 599: H. NEUHAUS, Franken in Diensten von Kaiser und Reich].

Während in diesen gleichermaßen sozial- und verfassungsgeschichtlich geprägten Forschungen stets gefragt wurde, in welchem Zusammenhang Reichsritterschaft und einzelne Tätigkeitsbereiche standen, hat sich M. STINGL die Frage vorgelegt, in welche Dienste die Angehörigen einer reichsritterschaftlichen Familie über den Zeitraum der Frühen Neuzeit hinweg gegangen sind, wobei dann neben reichischen Berufsorten auch landesfürstliche und andere in den Blick kommen. Das Bild von der „Scharnierfunktion im gesellschaftlichen Gefüge des Alten Reiches" [Nr. 317: E. BÖHME, Das fränkische Reichsgrafenkollegium, 6] aufgreifend, hat STINGL am Beispiel der fränkischen Familie von Bibra die Reichsritter als „Scharniere im Reich: zwischen Kaiser und Reich, aber auch zwischen den ‚Großen' des Reichs durch mehrfache Dienstbeziehungen" begriffen und zugleich auf breiter prosopographischer Grundlage untersucht, „inwieweit sich die Reichsritterschaft tatsächlich von den Territorien emanzipiert hat" [Nr. 417: Reichsfreiheit und Fürstendienst, 17].

Von den von den Reichsrittern verfassungs- und sozialgeschichtlich zu unterscheidenden mindermächtigen Reichsständen haben die Reichsgrafen bisher das stärkste Interesse gefunden. Auch hier muß V. PRESS als der große Anreger gelten, der in einem aspektereichen, auf einen Vortrag von 1979 zurückgehenden Überblicksaufsatz „zur Sozial- und Verfassungsgeschichte des deutschen Hochadels in der frühen Neuzeit" zu Recht festgestellt hat, daß die Reichsgrafen „bislang sozusagen durch [die] Maschen [der Verfassungsgeschichte] gefallen" waren; in der Adelsgesellschaft des Heiligen Römischen Reiches zwischen Reichsfürsten und Reichsrittern stehend, galten in der älteren Forschung vor allem die Reichsgrafen, die in ihren Besitzungen oft gleichsam landesfürstliche Herrschaftsrechte ausübten, als „die Repräsentanten deutscher Kleinstaaterei und nationaler Fehlentwicklung" [Nr. 377: Reichsgrafenstand und Reich, 4]. Mit den Reichsrittern teilten sie die Sorge, von den mächtigeren Territorialherren der näheren Umgebung mediatisiert zu werden, und sahen sich zur Wahrung ihrer Interessen auf überterritoriale korporative Zusammenschlüsse verwiesen. Abgesehen vom besonders mitgliederstarken schwäbischen Grafenkollegium, das im Spannungsfeld zwischen Österreich, Bayern und Württemberg als traditionell kaisernah galt und überwiegend katholisch geblieben war, sind die übrigen Reichsgrafenkollegien in jüngster Zeit in umfangreichen monographischen Darstellungen für unterschiedliche Zeiträume behandelt worden.

Marginalia:
„Scharniere im Reich"

Reichsgrafen

Der besonders heterogenen Gruppe der fränkischen Reichsgrafen in der Zeit von der Wende vom 15. zum 16. Jahrhundert bis in die 1640er Jahre hat sich E. Böhme zugewandt, die die zahlenmäßig kleinste sowie eine nach Ansehen, Reichtum und Macht besonders differenzierte war und endgültig erst auf dem Regensburger Reichstag von 1640/41 ihre reichstägliche Kuriatstimme erwerben konnte [Nr. 317: Das fränkische Reichsgrafenkollegium im 16. und 17. Jahrhundert]. Nach einem ersten Scheitern der Kollegialbildung 1546/48 bereiteten die fränkischen Reichsgrafen von da an ihren ein Jahrhundert später erzielten Erfolg durch die Beendigung des Konnubiums mit den Reichsrittern und ihre kontinuierliche Mitarbeit im Fränkischen Reichskreis vor, der zu ihrem hauptsächlichen Handlungsrahmen wurde: „Durch die Integration in den Fränkischen Kreis [...] distanzierten sie sich eindeutig von der Ritterschaft und konnten zugleich ihre Zugehörigkeit zu den Reichsständen dokumentieren" [Nr. 317: Das fränkische Reichsgrafenkollegium im 16. und 17. Jahrhundert, 294].

Nachdem die mittelrheinischen Reichsgrafen, die sich nicht in Anlehnung an die Organisation eines Reichskreises, sondern im „Wetterauer Grafenverein" zusammenfanden, schon früher – auch im Kontext der Geschichte des Calvinismus im Heiligen Römischen Reich – ein im Vergleich zu den übrigen Grafengruppen stärkeres Interesse der vornehmlich landesgeschichtlich geprägten Forschung gefunden hatten [Nr. 333: R. Glawischnig, Die Bündnispolitik des Wetterauer Grafenvereins; Nr. 334: R. Glawischnig, Niederlande, Kalvinismus und Reichsgrafenstand], liegt für sie für die erste Hälfte der Frühen Neuzeit mit G. Schmidts großer Monographie eine umfassende Darstellung vor. In ihr werden – im Sinne moderner Verfassungsgeschichtsschreibung Institutionen- und Sozialgeschichte verbindend – Entstehung, Formierung, Aufbau und Organisation des „Wetterauer Grafenvereins", die Beziehungen der Mitglieder untereinander, ihre Funktion in ihm und seine Stellung im Gefüge der Reichsverfassung sowie seine Politik als Reichskorporation untersucht [Nr. 409: Der Wetterauer Grafenverein] und ältere Interpretationsansätze des Grafenvereins als „Wetterauer Grafenstaat" [Nr. 342: L. Hatzfeld, Zur Geschichte des Reichsgrafenstandes, 41] als unangemessen zurückgewiesen, „weil bei ‚Grafenstaat' zu viele Vorstellungen von einer selbständigen einheitlichen und zentral ausgeübten Herrschaft mitschwingen" [Nr. 409: G. Schmidt, Der Wetterauer Grafenverein, 5]. Der konfessionell differenzierte Wetterauer Grafenverein wurde nicht wie die gleichzeitigen Territorialstaaten zusammengehalten, sondern vor allem – über alle religionspolitischen Unterschiede hinweg – durch die Einsicht, nur über die

Fränkische Reichsgrafen

Wetterauer Reichsgrafen

Kooperation seiner Mitglieder die Kuriatstimme im Reichsfürstenrat des Reichstages sichern zu können. Im 16. Jahrhundert hatte die korporative Politik „entscheidend mitgeholfen, die eigene Kleinräumigkeit zugunsten einer gemeinsamen Außenvertretung, eines regionalen Sicherheitssystems sowie der Regelung interner Streitigkeiten zu überwinden" [Nr. 410: G. SCHMIDT, Die Wetterauer Kuriatstimme auf dem Reichstag, 109]. Die Zeit nach dem Westfälischen Frieden hat jüngst A. KULENKAMPFF behandelt [Nr. 356: Kuriatstimme und Kollegialverfassung der Wetterauer Grafen 1663–1806].

Niederrheinisch-Westfälische Reichsgrafen

In dem hier angesprochenen Forschungskontext ist auch J. ARNDTS Arbeit über „Das niederrheinisch-westfälische Reichsgrafenkollegium" [Nr. 310] angesiedelt, das wie der Norden und Nordwesten des Heiligen Römischen Reiches insgesamt als bislang nahezu unbekannt gelten muß. Seine besonders große Heterogenität – vordergründig schon an der Zugehörigkeit seiner Mitglieder zu sechs Reichskreisen erkennbar – erklärt, warum „von einem derartigen Kollegium [...] eine zielgerichtete Interessenpolitik kaum zu erwarten" war, denn es gab „keine handfesten gemeinsamen Interessen für alle Mitglieder" [Nr. 310: Das niederrheinisch-westfälische Reichsgrafenkollegium, 331]. Seine – im Vergleich zu den drei älteren reichsgräflichen Vereinigungen – späte Bildung im Jahre 1653 verdeutlicht die größere Ferne des nordwestdeutschen Raumes zu Kaiser und Reich und lenkt zugleich den Blick auf die ebenfalls noch weniger beachtete Reichs- und Reichsverfassungsgeschichte des 18. Jahrhunderts.

Sozialgeschichte der Reichsgrafen

Mit der Erforschung der reichsgräflichen Kollegien ist – wie bei den Reichsrittern – eine intensive Beschäftigung mit einzelnen Reichsgrafschaften (innerhalb der vorgestellten Monographien und an anderen Stellen [Nr. 369: V. PRESS, Die Landschaft aller Grafen von Solms; Nr. 360: F. MAGEN, Reichsgräfliche Politik in Franken; Nr. 412: T. M. SCHRÖDER, Die Grafen von Hohenems; Nr. 309: J. ARNDT, Die Grafschaft Lippe]) und eine deutlichere sozialgeschichtliche Erhellung von gesellschaftsprägenden Verhaltensmustern, Beziehungen und (zum Teil miteinander verbundenen) Klientelsystemen einhergegangen. Von großer Bedeutung sind auch hier die von den Reichsgrafen eingegangenen Reichs- und Fürstendienste z. B. in den Bereichen von Verwaltung, Justiz, Militär, Hof, Diplomatie und Kirche. Auf Reichsebene konnten sie

Standeserhebungen

in Erhebungen in den weltlichen Reichsfürstenstand ihre höchste Belohnung finden, wie T. KLEIN in einem umfangreichen Überblick gezeigt hat. Er verfolgte die Frage, „wie sich der weltliche Reichsfürstenstand als der dynamischste Teil des Reichsfürstenstandes in den Jahrhunderten der Frühen Neuzeit rekrutierte und ergänzte", und ging den

Gründen und Zielsetzungen der Erhebungen nach [Nr. 351 : Die Erhebungen in den weltlichen Reichsfürstenstand 1550–1806, 144]. Da der Kaiser in Ausübung dieses ihm verbliebenen uneingeschränkten und auch unbestrittenen Rechtes u. a. auch zahlreiche Personen, die nicht zum Reichsadel gehörten, in den Fürstenstand erhob, setzte er diesen „tiefe[n] Wandlungen" aus und „zerfaserte" ihn „je länger, je mehr und je näher das Ende des Alten Reiches heranrückte" [Nr. 351: ebd., 191]. Angesichts der Tatsache, daß zwischen 1582 und 1806 zwar ca. 160 Erhebungen in den weltlichen Reichsfürstenstand erfolgt sind, es aber nur 19 standeserhöhten Fürsten aus altgräflichen und anderen Häusern zwischen 1653 und 1754 gelang, Sitz und Stimme im Reichsfürstenrat des Reichstages zu erlangen, hat H. SCHLIP „die Differenzierung zwischen umfassender politischer und reichsverfassungsrechtlicher Rollenzuweisung auf der einen und bloßer Dignität auf der anderen Seite" untersucht [Nr. 399: Die neuen Fürsten, 252]. Der Drang vor allem auch vieler Reichsgrafen zu reichstäglicher Virilstimme stieß auf „die Grundtendenz der weltlichen Fürsten, den Zugang zum Reichsfürstenrat zu erschweren, sei es zur Wahrung ständischer Exklusivität, sei es um der Unterwanderung der Stimmenverhältnisse vorzubeugen" [Nr. 399: ebd., 271].

Wie die nicht gefürsteten Reichsgrafen hatten auch die Reichsprä- Reichsprälaten
laten innerhalb des Reichsfürstenrates als mindermächtige Reichsstände Anteil an Kuriatstimmen und waren in zwei Bänken organisiert. Die Forschung zu ihnen ist bisher über Ansätze nicht hinausgekommen, wobei das Interesse vor allem den Schwäbischen Reichsprälaten gilt, die als größere Gruppe ein regional fest umrissenes Kollegium bildeten [Nr. 316: E. BÖHME, Das Kollegium der Schwäbischen Reichsprälaten im 16. und 17. Jahrhundert], während die sehr viel kleinere und lockerer gefügte Gruppe der Rheinischen Reichsprälaten, zu denen z. B. auch St. Emmeram, Nieder- und Obermünster zu Regensburg oder St. Ulrich und St. Afra in Augsburg gehörten, noch nicht Gegenstand der Reichsverfassungsgeschichtsschreibung geworden ist. Für die Schwäbischen Reichsprälaten sind Studien von A. VON REDEN-DOHNA zu nennen, die sich mit verschiedenen Fragestellungen in erster Linie dem Charakter der Reichsstandschaft [Nr. 390: Reichsstandschaft und Klosterherrschaft], dem Verhältnis zum Kaiser [Nr. 389: Die schwäbischen Reichsprälaten und der Kaiser] und der Einbettung zwischen Reich und Territorialherrschaft zuwenden [Nr. 391: Zwischen Österreichischen Vorlanden und Reich].

Auch die korporative Politik der Freien und Reichsstädte ist aus Reichsstädte
reichsverfassungsgeschichtlichem Blickwinkel erst in Ansätzen er-

forscht. V. PRESS hat sie mit ihrer „Unmittelbarkeit unter dem Reichsoberhaupt" in einem die Epoche der altständischen Gesellschaft um-
spannenden Aufsatz als „eine deutsche Besonderheit" herausgestellt
[Nr. 370: Die Reichsstadt in der altständischen Gesellschaft, 10 f.]. Im
Unterschied zu den mindermächtigen Reichsgrafen und Reichsrittern
bildeten sie nicht nur eine eigene, in Schwäbische und Rheinische Bank
untergliederte Reichstagskurie, sondern entwickelten aufgrund ihrer
Sonderstellung mit dem „Städtetag" zugleich eine andere reichsweite
Institution. G. SCHMIDT hat ihn als „Absprache- und Ausgleichsorgani-
sation" charakterisiert, der sich seit seiner Herausbildung im Jahre
1471 „als eine relativ lockere Form der Verbindung aller Freien und
Reichsstädte" entwickelte und „schnell zum entscheidenden Zentrum
aller städtischen Aktivitäten innerhalb des Reichsverbandes" wurde
[Nr. 407: Der Städtetag in der Reichsverfassung, 526 f.].

Reichsstädte,   SCHMIDTS „verfassungsgeschichtliche Strukturanalyse der städti-
Reichstag und   schen Politik" erstreckt sich auf die von allgemeinem Städtetag und
Reichspolitik   Städtecorpus gebildeten Handlungsebene in der ersten Hälfte des
16. Jahrhunderts, in der die Reichsstädte den Höhepunkt ihrer reichspolitischen Bedeutung in der Frühen Neuzeit erreichten. Sie berücksichtigt damit auch den Einfluß der Reformation – wozu M. BRECHT einen
wegweisenden Beitrag vorgelegt hat [Nr. 318: Die gemeinsame Politik
der Reichsstädte und die Reformation] –, die allerdings nicht zu einem
„Auseinanderbrechen der Reichsverfassung im Schmalkaldischen
Krieg" führte [Nr. 407: G. SCHMIDT, Der Städtetag in der Reichsverfassung, 13]. Die Reichsstädte spielten zwar auch danach noch eine Rolle,
wie z. B. H.-W. BERGERHAUSEN am Beispiel Kölns für die Zeit von 1555
bis 1616 gezeigt hat [Nr. 313: Die Stadt Köln und die Reichsversammlungen im konfessionellen Zeitalter], und erhielten als Städtekurie des
Reichstages 1648 das lange umstrittene „Votum decisivum" de jure zugestanden, aber insgesamt ging von der Mitte des 16. Jahrhunderts der
Einfluß der Reichsstädte und ihrer Organisationen auf die Reichspolitik
mehr und mehr zurück. Der Erfolg von 1648 war sicher kein „Zufalls-
produkt", das „der besonderen politischen Konstellation zu verdanken"
war – wie G. BUCHSTAB gemeint hat [Nr. 319: Reichsstädte, Städtekurie
und Westfälischer Friedenskongreß, 178] –, denn dafür war er doch zu
sehr das Ergebnis zäher Verhandlungen in Münster und Osnabrück, bei
denen die Reichsstädte ebenso beweglich wie gezielt ihre den Kurfürsten und den übrigen Reichsfürsten noch immer überlegene Wirt-
schafts- und Finanzkraft ins Spiel brachten. De facto erreichte die Städtekurie nach 1648 auf dem Reichstag nicht die Gleichstellung mit Kur-
fürsten- und Reichsfürstenrat [Nr. 358: A. LAUFS, Die Reichsstädte auf

dem Regensburger Reichstag 1653/54], sondern trat mehr und mehr in den Hintergrund, ablesbar schon daran, daß sich die Reichsstädte – auch nicht mehr im funktionslos gewordenen Städtetag zusammengeschlossen – auf dem Immerwährenden Reichstag in der Regel durch Regensburger Bürger vertreten ließen, oftmals mehrere durch einen. Der Zusammenhang dieses Befundes mit den Veränderungen der reichsstädtischen Wirtschaftskraft bedarf insgesamt noch der Aufhellung, auch wenn die Stadtgeschichtsforschung in den letzten Jahrzehnten große Fortschritte gemacht hat [Nr. 394: H. SCHILLING, Die Stadt in der Frühen Neuzeit]. Auch die umfassendere Erforschung des Zusammenwirkens der Reichsstädte mit anderen mindermächtigen Reichsgliedern steht noch aus [Nr. 306: G. SCHMIDT, Städtecorpus und Grafenvereine], ebenso die des Verhältnisses zu den sie umgebenden Territorialstaaten [Nr. 403: G. SCHMIDT, Reichsstadt und Territorialstaat].

In einem weiteren Verständnis der mindermächtigen Reichsglieder gehören auch die oberitalienischen Reichslehen in den hier thematisierten Kontext: Der Kaiser war de jure auch in der Frühen Neuzeit noch immer oberster Lehensherr, und so waren diese seit der Wende vom 15. zum 16. Jahrhundert einbezogen in die internationalen Auseinandersetzungen im Norden der Apenninen-Halbinsel. Unter Hinweis auf die neueren Arbeiten von K. O. von ARETIN [Nr. 308: Die Lehensordnungen in Italien; erweitert in Nr. 195] und F. EDELMAYER [Nr. 324: Maximilian II., Philipp II. und Reichsitalien] hat A. KOHLER festgestellt, daß „die Geschichte Reichsitaliens bis heute zu den vernachlässigten Gebieten der Reichsgeschichte" gehört [Nr. 210: Das Reich im Kampf um die Hegemonie in Europa, 79].

Außer dem „Mörtel des Reichs" haben in gegenseitiger Befruchtung von Reichs- und Landesgeschichte aber auch die „Quader der größeren Stände" – um im Bild K. O. von ARETINs zu bleiben [Nr. 197: Heiliges Römisches Reich 1776–1806, 69] – neuerdings viel Interesse der Frühneuzeitforschung gefunden. Hier sei wenigstens beispielhaft auf einige Arbeiten von V. PRESS (Nr. 368: Bayern, Österreich und das Reich; Nr. 373: Ellwangen, Fürststift im Reich; Nr. 371: Franken und das Reich; Nr. 381: Schwaben zwischen Bayern, Österreich und dem Reich; Nr. 384: Vorderösterreich in der habsburgischen Reichspolitik] und A. SCHINDLING [Nr. 395: Kurbrandenburg im System des Reiches] hingewiesen, die das Aufeinanderbezogensein von Reich und Territorium als Grundbedingung ihrer Existenz in der Frühen Neuzeit verdeutlichen.

Oberitalienische
Reichslehen

Reichsgeschichte
und Landes-
geschichte

C. Das Heilige Römische Reich als Wahlmonarchie

1. Römische Könige und Kaiser

Im Unterschied zu den den Reichstag bildenden Reichsständen haben die Römischen Könige und Kaiser der Frühen Neuzeit in der Forschung weit weniger Aufmerksamkeit gefunden. Die Gründe dafür sind vielfältig und ergeben sich vor allem aus ihrer reichsverfassungsrechtlichen Situation seit dem Beginn des 16. Jahrhunderts, die durch die Verpflichtung zum Konsens mit den Reichsständen in allen wichtigen Reichsangelegenheiten gekennzeichnet ist. Von den weltlichen Reichsfürsten an der Spitze ihrer Territorialstaaten unterschieden sich die Römischen Könige und Kaiser dadurch, daß sie als Wahlmonarchen nicht in den Stand versetzt wurden, aus dem Heiligen Römischen Reich einen modernen Staat zu machen. Indem sie gleichzeitig – sieht man von Karl V. und Franz I. ab – als Herren der habsburgischen Erbmonarchien Österreich und Böhmen in reichsfürstlicher Funktion wirken konnten, sind sie viel stärker in territorial- als in reichsgeschichtlicher Perspektive gesehen worden. Damit korrespondiert die starke Vernachlässigung der Erforschung der Reichsgeschichte nach dem Westfälischen Frieden, insbesondere zur Zeit Kaiser Karls VI.

Lebensbilder der frühneuzeitlichen Römischen Könige und Kaiser

Die für die frühneuzeitliche Reichsgeschichte in diesem Zusammenhang zentrale verfassungsgeschichtliche Frage ist die nach der Stellung des Römischen Königs und Kaisers im komplizierten Reichsgefüge. Mit dem von A. SCHINDLING und W. ZIELGER herausgegebenen Band „Die Kaiser der Neuzeit" liegt erstmals ein Handbuch vor, das bei allen biographischen Ansätzen keine Sammlung von Lebensbildern oder Kurzbiographien der Kaiser von Karl V. bis zu Franz II. ist, sondern bewußt „ihr Verhalten zum Reich und ihr Wirken im und für das Reich" thematisiert. Es geht in den einzelnen Beiträgen um „das Denken und das Handeln des Kaisers als Oberhaupt des Reiches", nicht um „sein Wirken im eigenen Land, seine Bedeutung für Kunst und Kultur, seine Selbstdarstellung im Hof und in der Dynastie": „Dagegen stehen im Vordergrund das Handeln als Reichsoberhaupt, in der Außenpolitik, in Krieg und Frieden, in der Zusammenarbeit oder im Gegeneinander mit den Reichsständen und mit den verfassungsmäßigen Organen ihrer Reiche, deren Loyalität und deren Funktionieren für den Kaiser wesentlich waren" [Nr. 294: Die Kaiser der Neuzeit, 9]. Die solchermaßen

problemorientierten Abhandlungen über die 15 Römischen Könige und
Kaiser des 16., 17. und 18. Jahrhunderts, unter denen der nie zur Herrschaft gelangte Ferdinand IV. (1653/54) konsequenterweise fehlt, re-
präsentieren den aktuellen Forschungsstand und rücken manchen Herrscher überhaupt erst als Reichsoberhaupt ins Bewußtsein.

Auffallend ist im übrigen, daß es außer zu Karl V. [Nr. 245: K.   Biographien
BRANDI, Kaiser Karl V.; Nr. 297: F. SEIBT, Karl V.], zu Karl VII., dem
einzigen wittelsbachischen Kaiser der Neuzeit [Nr. 262: P. C. HART-
MANN, Karl Albrecht – Karl VII.], und zu Leopold II. [Nr. 305: A. WAN-
DRUSZKA, Leopold II.] zu keinem weiteren Römischen König oder Kaiser eine neuere umfassende Biographie gibt und die quellenmäßige Er-
schließung ihrer jeweiligen Herrscherzeit nur partiell erfolgt ist. Ferdinand I. ist lange lediglich im Schatten seines Bruders Karls V. gesehen
worden, überraschenderweise auch von der österreichischen Historiographie; eine Änderung deutet sich mit B. SUTTERS „Versuch einer
Würdigung" [Nr. 299: Ferdinand I. (1503–1564)] zu Beginn der noch
immer unentbehrlichen, in den 1830er Jahren erschienenen neunbändi-
gen Darstellung F.B. von BUCHOLTZ, [Nr. 246: Geschichte der Regierung Ferdinand des Ersten] sowie in der knappen Biographie P. SUTTER
FICHTNERS an [Nr. 300: Ferdinand I of Austria]. Ansätze zu neueren
biographischen Forschungen sind zu Leopold I. [Nr. 298: J. P. SPIEL-
MAN, Leopold I of Austria], Joseph I. [Nr. 267: C. W. INGRAO, In Quest
and Crisis], Franz I. [Nr. 296: A. SCHMID, Franz I. Stephan von Habs-
burg-Lothringen] und zu Franz II. [Nr. 307: W. ZIEGLER, Kaiser Franz
II. (I.)] erkennbar, darüber hinaus in zahllosen Arbeiten zu reichs- und
reichsverfassungsgeschichtlichen Zusammenhängen.

2. Die Wahlkapitulationen

Neben dem biographischen Interesse, das sie mit unterschiedlichen Ak-   Unterschiedliche
zentuierungen immer wieder gefunden haben, sind die Römischen Kö-   Beurteilungen
nige und Kaiser als Aussteller von Wahlkapitulationen seit 1519 im
Kontext des Heiligen Römischen Reiches Deutscher Nation als einer
Wahlmonarchie zu einem bevorzugten Forschungsgegenstand geworden. Nachdem F. FRENSDORFF Ende des 19. Jahrhunderts an eher ent-
legener Stelle an die königlichen Wahlkapitulationen als „wichtigste"
Reichsgrundgesetze und an „ihre staatsrechtliche und politische Bedeutung" erinnert hatte [Nr. 331: Das Reich und die Hansestädte, 115], hat
sich F. HARTUNG ihnen in einem grundlegenden Überblick zugewandt,

um „das Bleibende in der deutschen Reichsverfassung herauszuheben und in großen Zügen die Entwicklung des Verhältnisses zwischen Kaisertum und Ständen zu verfolgen" [Nr. 263: Die Wahlkapitulationen, 315]. Anders als er wollte G. KLEINHEYER „den Ursprüngen, der Entwicklung und der Funktion der Wahlkapitulationen als Rechtsquellen nachgehen, um damit einen Einblick in das Wesen des gesetzten Verfassungsrechtes im Heiligen Römischen Reich überhaupt zu gewinnen" [Nr. 270: Die kaiserlichen Wahlkapitulationen, 2]. Dem Verständnis HARTUNGS von den Wahlkapitulationen als „fest umschriebene[r] [Reichs]Verfassung" [Nr. 263: Die Wahlkapitulationen, 329] hat H. ANGERMEIER entschieden widersprochen und „vor allem" mit Blick auf „die 1519 von Karl V. ‚pacts- und gedingsweis‘ eingegangene Wahlkapitulation" festgestellt, daß sie „keinesfalls eine solche Charakterisierung als Verfassungsurkunde [duldet]" [Nr. 193: Die Reichsreform, 233]. Gleichwohl ist der überaus große Wert der frühneuzeitlichen Wahlkapitulationen als wichtigste Reichsgrundgesetze nicht zu bezweifeln. Gerade weil sie nicht – wie HARTUNG gemeint hat – „den Schwankungen des Augenblicks in der Hauptsache entrückt sind", eben nicht „nur ein ausgeglichenes und teilweise verblaßtes Bild der zur Zeit einer Wahl vorherrschenden politischen Strömungen" geben [Nr. 263: Die Wahlkapitulationen, 315], ist ihre umfassende politik- und verfassungsgeschichtliche Interpretation – neben einer modernen Edition sämtlicher Wahlkapitulationen von 1519 bis 1792 – ein besonderes Desiderat der Frühneuzeitforschung.

3. Kontinuität und Diskontinuität

Von den Herrschaftsübergängen an der Spitze des Heiligen Römischen Reiches haben der von Karl V. zu Ferdinand I. und der von Karl VI. zu Karl VII. das breiteste Interesse gefunden. In den neueren Arbeiten zu den beiden habsburgischen Brüdern und ihrem herrschaftlichen Verhältnis zueinander steht für die Zeit um 1530 die Königswahlfrage in reichs-, verfassungs- und dynastiegeschichtlicher Perspektive im Zentrum. A. KOHLER hat in einer grundlegenden Studie zur Wahl Ferdinands I. von 1531 gezeigt, wie sehr die oppositionellen Reichsstände die Etablierung einer habsburgischen Erbmonarchie im Reich als Gefahr für dessen Bestand begriffen haben [Nr. 272: Antihabsburgische Politik]. E. LAUBACH lenkte die Aufmerksamkeit vor allem auf die innerhabsburgischen Auseinandersetzungen zwischen Karl V. und Ferdi-

Von Karl V. zu Ferdinand I. bis 1531

nand I. um die Nachfolge als Römischer König und Kaiser in den Jahren 1519 bis 1531 und 1550/51 [Nr. 274: Karl V., Ferdinand I. und die Nachfolge im Reich], während C. THOMAS sich dem Umfang und den Kompetenzbereichen Ferdinands I. nach seiner Wahl zum Römischen König zu Lebzeiten Karls V. zuwandte [Nr. 301: „Moderación del Poder"]. Das Nebeneinander von Römischem Kaiser und seit langem gewählten Römischen König in den 1550er Jahren hat H. LUTZ umfassend dargestellt [Nr. 212: Christianitas afflicta] und im weiteren Zusammenhang des „politischen System[s] Karls V." behandelt [Nr. 214: Das römisch-deutsche Reich].

Der Übergang des Kaisertums von Karl V. auf Ferdinand I. ist dazu neuerlich verstärkt ins Blickfeld der Forschung geraten, gerade weil die Abdankung Karls V. – abgesehen von der Franz' II. – in der frühneuzeitlichen Reichsgeschichte ein singulärer Vorgang war und das Heilige Römische Reich Deutscher Nation in seinem staatsrechtlichen Charakter als Wahlmonarchie berührte. G. KLEINHEYER [Nr. 270: Die kaiserlichen Wahlkapitulationen, 77] spricht von einer „Übertragung [...] in [...] Form einer Königswahl nach der Goldenen Bulle", da die Kurfürsten sicherstellen wollten, „daß Ferdinand I. das Kaisertum nicht von Karl, sondern aus der Hand der Kurfürsten empfing und daß er es nicht auf Grund der römischen Königswahl [von 1531], sondern auf Grund eines neuen förmlichen Erhebungsaktes erlangte", auch wenn eine „Auswahl" fehlte. J. LEEB [Nr. 275: Reichstagsgeschehen, 244] hat sich dem angeschlossen; H. DUCHHARDT [Nr. 254: Protestantisches Kaisertum, 77] sieht in dem Vorgang einen „förmlichen Wahlakt", W. DOTZAUER [Nr. 251: Die Entstehung der frühneuzeitlichen Thronerhebung, 13] „Merkmale eines Wahlverfahrens" unter Verzicht der „Einzelbefragung im Konklave". Da 1558 keine Wahl im Sinne der Goldenen Bulle stattgefunden hat, kann Ferdinand I. nicht „noch einmal, und zwar zum Kaiser, gewählt" worden sein [Nr. 290: H. REUTER-PETTENBERG, Bedeutungswandel der Römischen Königskrönung, 9], auch dann nicht, wenn bei allen Unterschieden zu „einer normalen Wahl" die äußere Form der Römischen Königswahl ins Zentrum der Beurteilung gerückt wird, denn die frühneuzeitliche Reichsverfassung kennt keine Kaiserwahl. Das Kaisertum erhielt im Herrschaftsübergang von Karl V. zu Ferdinand I. im Jahre 1558, der zudem ohne Krönung und kirchliche Feier gestaltet wurde, „seine spezifisch neuzeitliche Ausprägung von entschieden säkularer und rationaler Qualität" [Nr. 277: H. NEUHAUS, Von Karl V. zu Ferdinand I., 438]. Das „folgenreich veränderte Verständnis von Kaiser und Reich" [Nr. 225: H. RABE, Deutsche Geschichte 1500–1600, 460] hatte zur Konsequenz, daß nach 1558 nicht

Von Karl V. zu Ferdinand I. bis 1558

mehr in der Weise wie früher zwischen Römischem König und Kaiser unterschieden und in der Reichsstaatsrechtslehre der Titel des Römischen Königs auf den zu Lebzeiten eines Kaisers gewählten Monarchen eingeschränkt wurde [Nr. 113: Recht und Verfassung des Reiches, 455; Nr. 41: J. J. MOSER, Neues Teutsches Staatsrecht, Bd. 2, 678].

Das Jahr 1740 als Epoche   Die Wahl des bayerischen Kurfürsten Karl Albrecht zum Kaiser 1742 markiert eine tiefgreifende reichsgeschichtliche Zäsur, denn mit dem Aussterben der Habsburger im Mannesstamm durch den Tod Kaiser Karls VI. war „ein Jahrhundert glanzvollen kaiserlichen Vorrangs [...] zu Ende gegangen", wie V. PRESS formuliert hat [Nr. 289: Die kaiserliche Stellung, 80], der sich ebenso um eine Neubewertung der Stellung des Kaisers im Reich zwischen 1648 und 1740 bemühte wie G. HAUG-MORITZ, für die „die Geschichte konfessionellen Agierens einen zuverlässigen Indikator darstellt, an dem sich die zunehmende Krisenhaftigkeit des politischen Systems Reich im 18. Jahrhundert ablesen läßt" [Nr. 265: Kaisertum und Parität, 446]. Die Situation am Ende des 18. Jahrhundert hat zuletzt A. BUSCHMANN zusammenfassend behandelt [Nr. 247: Kaiser und Reichsverfassung].

Das Ende des Kaisertums   Mit der „Frankfurter Gefangenschaft" des Wittelsbacher Kaisertums [Nr. 171: H. NEUHAUS, Hie Österreichisch, 70] und dann ab 1745 mit der Reihe der Kaiser aus dem Hause Lothringen(-Habsburg) begann die letzte Phase der Geschichte des Heiligen Römischen Reiches Deutscher Nation. Infolge des Dualismus zwischen Wien und Berlin ist sie einerseits durch die Bemühungen um verstärkte kaiserliche Präsenz im Reich u. a. mittels Gesandtschaften bei den Reichskreisen gekennzeichnet, andererseits durch das Aufkommen der Frage nach Wert und Nutzen der Kaiserkrone bei Franz I. [Nr. 296: A. SCHMID, Franz I. Stephan von Habsburg-Lothringen] und Joseph II. [Nr. 302: H. VOLTELINI, Eine Denkschrift des Grafen Johann Anton Pergen; Nr. 249: H. CONRAD, Verfassung und politische Lage des Reiches], die Franz II. mit seiner Abdankung am 6. August 1806 dann endgültig negativ beantwortete, womit er – „Nägel mit Köpfen" machend – das Ende des Alten Reiches besiegelte [Nr. 269: G. KLEINHEYER, Die Abdankung des Kaisers, 143]. Hatte die Reichsverfassung 1558 bei der Gestaltung des Herrschaftsübergangs von Karl V. auf Ferdinand I. ihre Offenheit bewiesen, so hat sie nach 1740 bei den Wahlen Karls VII. und Franz I. geradezu idealtypisch funktioniert und mit dem Fortwirken der Wahlfreiheit der Kurfürsten ihre Lebendigkeit dokumentiert, was auch 1792 unter dem Eindruck des bevorstehenden Ersten Koalitionskrieges gegen das revolutionäre Frankreich noch geschah [Nr. 273: A. KOHLER, Die Kaiserwahl von 1792], aber im Jahre 1806 nicht mehr möglich war.

D. Reichskreise und reichsständische Bündnisse

1. Reichskreise

Die Erforschung der auf dem Augsburger Reichstag des Jahres 1500 gebildeten sechs und der auf dem Kölner Reichstag von 1512 eingerichteten zehn Kreise des Heiligen Römischen Reiches ist im wesentlichen durch die monographische Behandlung einzelner Reichskreise bzw. von Teilen und Aspekten ihrer frühneuzeitlichen Geschichte gekennzeichnet. Arbeiten, die einzelne Kreise überschreiten, mehrere oder gar alle Reichskreise unter einem übergreifenden politik-, verfassungs-, verwaltungs-, rechts-, sozial-, wirtschafts- oder militärgeschichtlichen Gesichtspunkt in den Blick nehmen, fehlen ebenso wie eine Gesamtdarstellung der Geschichte der Reichskreise in der Frühen Neuzeit. Mit W. DOTZAUERS Buch über „Die deutschen Reichskreise in der Verfassung des Alten Reiches und ihr Eigenleben (1500–1806)" [Nr. 526] liegt aber eine insgesamt sehr nützliche aktuelle Bilanz ihrer Erforschung vor, die in großen Zügen „die politische Entwicklung der deutschen Reichskreise von ihren Anfängen bis zum Erlöschen dieser Institution am Ende des Alten Reiches" darstellt und zu jedem Reichskreis ausführlich Quellen und Literatur aufführt [Nr. 526: ebd., 1]. Sie vermittelt fraglos mehr den „Eindruck des Strukturlosen, Zufälligen, Gegenläufigen, Gleichzeitig-Ungleichzeitigen, zur Erfolglosigkeit Verurteilten [...] als de[n] des synchron geordneten und wirkungsvollen Zusammenarbeitens des einzelnen neben den übrigen Kreisen". Aber DOTZAUER konstatiert zu recht, daß „der Kosmos der kleinen und kleinsten Stände und Städte mit unentwickelten politischen Eigenschaften und Fähigkeiten gerade nur mit Hilfe des Korsetts dieser vielgeschmähten Kreisentwicklung in seiner Aktivität und Leistung gerecht zu beurteilen ist" [Nr. 526: ebd., 341]. Und ihm ist wohl auch zuzustimmen, wenn er feststellt, daß „fränkisches, westfälisches, schwäbisches Stammes- und Gemeinschaftsbewußtsein [...] sich im politischen Raum des Alten Reiches weder an einem Territorium allein, noch etwa an den einzelnen Kurien des Reichstags repräsentativ festmachen [läßt], wohl aber am betreffenden Reichskreis" [Nr. 526: ebd., 342]. Jedoch sind die höchst unterschiedlich gebildeten Reichskreise nicht eo ipso schon Regionen des Heiligen Römischen Reiches, wie sie 1993 auf einem Mainzer Kolloquium unter der Leitung P. C. HARTMANNS dis-

Die Situation der Erforschung der Reichskreise

Regionen des Reiches?

kutiert worden sind [Nr. 534: Regionen in der Frühen Neuzeit]. Für den Niederrheinisch-Westfälischen Reichskreis z. B. hat dem H. NEUHAUS entschieden widersprochen [Nr. 548: Der Niederrheinisch-Westfälische Reichskreis].

Reichs-, Kreis- und Landesgeschichte
Die Reichskreise als semizentrale Ebene zwischen dem Reich als Ganzem und seinen reichsständischen und den übrigen reichsunmittelbaren Gliedern, die keinem Kreis angehörten, erfordert eine Reichs- und Landesgeschichte verbindende Betrachtung: „Kreishistorie bedeutet Reichs- und Landesgeschichte zugleich [Nr. 540: A. LAUFS, Der Schwäbische Kreis, 14]. Ihre Einordnung in die nicht systemgeleitete Reichsverfassung hat H. MOHNHAUPT in einem grundlegenden, alle Aspekte berührenden Aufsatz vorgenommen und „die enge Verflechtung zwischen Reichs- und Kreisebene", ihren „Charakter einer Mittelinstanz zwischen Reich und Reichsständen" hervorgehoben [Nr. 545: Die verfassungsrechtliche Einordnung der Reichskreise in die Reichsorganisation, 4, 9]. K. O. von ARETIN sieht „in der Einteilung des Reiches in Kreise am Anfang des 16. Jahrhunderts" – nach V. PRESS „vielleicht das wichtigste Produkt der ‚Reichsreform' " [Nr. 221: Kriege und Krisen, 95] – „im Ansatz auch die Möglichkeit zu einer Überwindung des territorialstaatlichen Prinzips enthalten" [Nr. 197: Heiliges Römisches Reich 1776–1806, 75], nachdem schon H.E. FEINE mit Blick auf die Reichskreise nach ihrer Redintegration im Westfälischen Frieden davon gesprochen hatte, der „föderative Gedanke [habe] zeitweise zu einer Verstärkung des Verfassungslebens beigetragen" [Nr. 146: Zur Verfassungsentwicklung des Heiligen Römischen Reiches, 122].

Verschiedenartigkeit der Reichskreise
Bei der großen Unterschiedlichkeit der Reichskreise verbieten sich allerdings verallgemeinernde Urteile über deren Funktion im Heiligen Römischen Reich, zumal sie zu unterschiedlichen Zeiten unterschiedliche Entwicklungsstadien erreichten. Die territorial stark zersplitterten Reichskreise wie der Schwäbische, der Fränkische und auch der Oberrheinische haben eher und beständiger zu ihrer Verfassung gefunden und sie gestaltet als die – wie im Falle des Niederrheinisch-Westfälischen oder Niedersächsischen Reichskreises –, deren Zusammensetzung von zur Territorialstaatlichkeit drängenden Reichsständen einerseits und mindermächtigen andererseits bestimmt gewesen ist; völlige Kunstgebilde wie der von Kurfürsten dominierte Kurrheinische und auch der Obersächsische Reichskreis haben eine wiederum andere Entwicklung genommen als der von den Habsburgern und ihrer Politik geprägte Österreichische und der Burgundische Reichskreis. Allein schon von daher sind neuerliche Versuche höchst problematisch, z. B. in Kreistagen, also den dem Vorbild der Reichstage folgenden wichtig-

sten Beschlußorganen der Reichskreise „eine Vorform des Parlamentarismus" sehen zu wollen, wie es P. C. HARTMANN am Beispiel des Bayerischen Reichskreises für die Zeit von 1521 bis 1793 versucht hat:
„Man kann hier also m.E. durchaus von einer ständisch-frühparlamen-
tarischen Erscheinung oder zumindest von einer Vorform des Parlamentarismus sprechen" [Nr. 533: Die Kreistage des Heiligen Römischen Reiches, 47].

Die sehr unterschiedlichen Entwicklungen der einzelnen Reichskreise spiegeln sich auch im Forschungsstand [Nr. 526: W. DOTZAUER,
Die deutschen Reichskreise, 57 f., 79 f., 104 f., 132, 175 f., 205, 234–
236, 262 f., 303 f., 335 f.]. Als am besten erforscht müssen der Schwäbische und der Fränkische Reichskreis gelten. Während A. LAUFS 1971
für den Schwäbischen Reichskreis ein Standardwerk vorgelegt hat [Nr.
540: Der Schwäbische Kreis], ist – neben neueren Einzelstudien – für
den Fränkischen Reichskreis F. HARTUNGS Darstellung von 1910 maßgeblich geblieben, auch wenn sie nicht vollendet wurde und nur wenig
über das Jahr 1555 hinausreicht, in dem auf dem Augsburger Reichstag
die für die Reichskreise zentrale, bis zum Ende des Heiligen Römischen Reiches gültige Reichsexekutionsordnung verabschiedet wurde
[Nr. 535: Die Geschichte des Fränkischen Kreises von 1521–1559]. Für
die anderen Reichskreise liegen keine vergleichbaren Arbeiten vor.
Aber immerhin hat W. DOTZAUER den Kurrheinischen Reichskreis behandelt [Nr. 525: Der Kurrheinische Reichskreis in der Verfassung des
Alten Reiches], A. SCHNEIDER den Niederrheinisch-Westfälischen [Nr.
552: Der Niederrheinisch-Westfälische Kreis im 16. Jahrhundert]. Daneben gibt es eine Fülle von – zum Teil älteren – zeitlich oder thema-
tisch eingegrenzten Untersuchungen. Ein besonderes Interesse haben
dabei die Zeiten der Entstehungsphasen der Reichskreise in der ersten
Hälfte des 16. Jahrhunderts gefunden [Nr. 523: R. CONRAD, Der Bayerische Reichskreis im 16. Jahrhundert; Nr. 549: A. NEUKIRCH, Der niedersächsische Kreis und die Kreisverfassung bis 1542], die Zeiten des
Dreißigjährigen Krieges [Nr. 542: F. MAGEN, Die Reichskreise in der
Epoche des Dreißigjährigen Krieges], der Wende vom 17. zum
18. Jahrhundert [Nr. 541: G. LOCH, Der Kurrheinische Kreis von Ryswijk bis zum Frieden von Rastatt und Baden; Nr. 559: G. A. SÜSS, Geschichte des oberrheinischen Kreises] und des Endes des 18. Jahrhunderts [Nr. 521: G. BORCK, Der Schwäbische Reichskreis im Zeitalter
der französischen Revolutionskriege].

Unter den Studien, die die Geschichte eines Reichskreises aus
einem bestimmten Blickwinkel behandeln, ragt C.-P. STORMS grundlegende Untersuchung zur Wehrverfassung des Schwäbischen Reichs-

(Randglossen:) Einzelne Reichskreise

Reichskreise und
Wehrverfassung

kreises zwischen 1648 und 1732 heraus [Nr. 558: Der Schwäbische Kreis als Feldherr]. Schon früher hat B. SICKEN „Das Wehrwesen des Fränkischen Reichskreises" in der Zeit von 1681 bis 1714 [Nr. 557] behandelt, woran sich seine Darstellung der Ämter und Einrichtungen dieses Kreises im 18. Jahrhundert anschloß [Nr. 556: Der Fränkische Reichskreis]. Im übrigen mögen einige Arbeiten von H.-J. BEHR [Nr. 519: Die Exekution des Niederrheinisch-Westfälischen Kreises gegen Graf Johann von Rietberg], A. K. MALLY [Nr. 543: Der Österreichische Kreis in der Exekutionsordnung des Römisch-Deutschen Reiches] und B. RODE [Nr. 550: Das Kreisdirektorium im Westfälischen Kreis von 1522–1609] die thematische Breite von Einzelstudien gerade in jenem Bereich der Erfüllung von Exekutionsaufgaben verdeutlichen, die die Bedeutung der Reichskreise für das Reich als Ganzes unterstreichen.

Kreisassoziationen

In diesen Kontext gehören auch die auf die Reichsexekutionsordnung von 1555 zurückgehenden Kreisassoziationen, also Zusammenschlüsse von drei oder mehr Reichskreisen zum Zweck der Wiederherstellung des Landfriedens im Heiligen Römischen Reich. Obwohl A. LAUFS bereits 1971 eine schon damals „noch ausstehende Monographie über die Kreisassoziationen" angemahnt hatte [Nr. 540: Der Schwäbische Kreis, 445], fehlt sie bis heute, nachdem H.H. HOFMANN als erster 1962 mit großem Nachdruck auf die große Bedeutung dieser Verbindungen von Reichskreisen für die Reichsverfassungsgeschichte hingewiesen hatte [Nr. 537: Reichskreis und Kreisassoziation]. Erstmals umfassender behandelt wurden die Kreisassoziationen 1973 in einem Mainzer Kolloquium über deren verfassungsrechtliche Stellung und die Rolle des Kurfürsten von Mainz in dem Jahrhundert von 1648 bis 1746 [Nr. 516: K. O. von ARETIN (Hrsg.), Der Kurfürst von Mainz und die Kreisassoziationen].

Kontroverse zwischen K. O. v. ARETIN und B. WUNDER

K. O. von ARETINS Beitrag über „Die Kreisassoziationen in der Politik der Mainzer Kurfürsten Johann Philipp und Lothar Franz von Schönborn 1648–1711" [Nr. 517] hat eine Kontroverse ausgelöst. Seiner These, daß die Bildung von Kreisassoziationen auf das den Reichsständen im Westfälischen Frieden von 1648 zugestandene „ius foederis" zurückgehe, hat B. WUNDER in einem grundlegenden Aufsatz entschieden widersprochen: „Durch die Ableitung der Kreisassoziationen aus dem Bündnisrecht verkennt Aretin sowohl die Möglichkeiten (Majoritätsprinzip auf Kreisebene) wie die Grenzen (defensive Zielsetzung) dieser spezifisch reichsrechtlichen Bündnisform, die er im Sinne der außenpolitischen Handlungsfreiheit souveräner Mächte interpretiert. Aretins Gliederung der Assoziationsgeschichte in eine profranzösische (1648–1667), prokaiserliche (1668–1688), ständische (1696–1711) und prokaiserliche Phase (1711 ff.) verwischt die aus dem 16. Jahrhundert überkommene Alternative zwischen einer kaiserlichen und ständisch-reichischen Ausrichtung der Assoziationen, die allein zur Entscheidung stand" [Nr. 565: Die Kreisassoziationen 1672–1748, 168].

ARETIN ist dieser Auffassung, wonach sich die Bildung von „Kreisassoziationen als rechtlich eigenständiger Bündnistyp" [Nr. 565: B. WUNDER, Die Kreisassoziationen 1672–1748, 169] aus der Reichsexekutionsordnung von 1555 erklärt, nicht gefolgt [Nr. 195: Das Reich, 170], obwohl die schärfere Trennung zwischen Kreisassoziationen und reichsständischen Bündnissen geboten erscheint [Nr. 315: E.-W. BÖKKENFÖRDE, Der Westfälischen Frieden und das Bündnisrecht der Reichsstände, 477]. H. MOHNHAUPT stellte fest: „Das den Reichsständen im Westfälischen Friedensschluß von 1648 (Art. VIII § 2) reichsgrundgesetzlich gewährte und bestätigte freie Bündnisrecht kann nicht zu den zu Assoziationen ermächtigenden Rechtsgrundlagen gerechnet werden" [Nr. 545: Die verfassungsrechtliche Einordnung der Reichskreise in die Reichsorganisation, 23]. Einzelne Kreisassoziationen sind von G. SÜSS [Nr. 559: Geschichte des oberrheinischen Kreises und der Kreisassoziationen in der Zeit des spanischen Erbfolgekrieges], H. H. HOFMANN [Nr. 536: Reichsidee und Staatspolitik], N. HAMMERSTEIN [Nr. 529: Johann Wilhelm Graf Wurmbrand und die Association der vorderen Reichs-Kreise im Jahre 1727; Nr. 530: Zur Geschichte der Kreis-Assoziationen und der Assoziationsversuche zwischen 1714 und 1746] und A. SCHRÖCKER [Nr. 553: Kurmainz und die Kreisassoziation zur Zeit des Kurfürsten Lothar Franz von Schönborn] behandelt worden.

Einzelne Kreisassoziationen

2. Reichsständische Bündnisse

Älter als die Kreisassoziationen waren reichsständische Bündnisse, die wie die Kreiseinteilungen des Heiligen Römischen Reiches auf das der Landfriedenswahrung verpflichtete spätmittelalterliche Einungswesen zurückgehen. Ihre frühneuzeitliche Geschichte reicht vom 1488 gegründeten Schwäbischen Bund bis zum sezessionistischen Rheinbund von 1806 und ist dadurch gekennzeichnet, daß zwar kein reichsständisches Bündnis reichsübergreifend war, aber viele von ihnen eine große reichspolitische Bedeutung hatten. Die erfolglosen Bestrebungen Kaiser Karls V. in der Mitte des 16. Jahrhunderts, aus dem Heiligen Römischen Reich einen von ihm dominierten und auch die Reichsritter ein-

beziehenden Bund zu machen, hat V. PRESS in einem reichsverfassungsgeschichtlich bedeutsamen Aufsatz thematisiert [Nr. 281: Die Bundespläne Kaiser Karls V. und die Reichsverfassung].

Einzelne Bündnisse

In diesem Sachverhalt liegt begründet, daß die historische Forschung bisher keine analysierende Zusammenschau reichsständischer
Bündnisse hervorgebracht hat, sondern entweder vorwiegend landesgeschichtlich geprägte Untersuchungen oder solche, die dem konfessionspolitischen Charakter einzelner Bündnisse Rechnung tragen. Für
den bis 1534 bestehenden, in vieler Hinsicht vorbildhaften Schwäbischen Bund ist noch immer E. BOCKS Darstellung aus dem Jahre 1927
wichtig [Nr. 314: Der Schwäbische Bund und seine Verfassungen],
für den Heilbronner Bund während des Dreißigjährigen Krieges J.
KRETZSCHMARS dreibändiges Werk von 1922 [Nr. 355: Der Heilbronner
Bund 1632–1635]. B. SICKEN hat den Heidelberger Verein behandelt
[Nr. 415: Der Heidelberger Verein], R. ENDRES den Landsberger Bund
(1556–1598) [Nr. 325: Der Landsberger Bund], F. GÖTTMANN dessen
Entstehung im Kontext der Reichs-, Verfassungs- und regionalen Terri-
torialpolitik des 16. Jahrhunderts [Nr. 336: Zur Entstehung des Lands-
berger Bundes], F. NEUER-LANDFRIED die Liga [Nr. 362: Die katholische
Liga], R. SCHNUR den Rheinbund des Jahres 1658 [Nr. 411: Der Rheinbund von 1658 in der deutschen Verfassungsgeschichte]. Nach L. v.
RANKE [Nr. 388: Die deutschen Mächte und der Fürstenbund] und U.
CRÄMER [Nr. 321: Carl August von Weimar und der Deutsche Fürstenbund 1783–1790] hat sich vor allem K. O. v. ARETIN in seiner großen
Monographie „Heiliges Römisches Reich 1776–1806" in einem Kapitel ausführlich dem Fürstenbund von 1785 zugewandt [Nr. 197: 162–
240], und von A. KOHLER liegt ein Aufsatz zu den Fürstenbundbestrebungen von 1783 bis 1785 vor [Nr. 353: Das Reich im Spannungsfeld
des preußisch-österreichischen Gegensatzes], aber eine neuere monographische Behandlung dieses kurzlebigen, das Reich seitens der bran-
denburgisch-preußischen Politik instrumentalisierenden Bündnisses
fehlt. Ebenso erstaunlich ist, daß es weder zum Schmalkaldischen
Bund – sieht man von E. FABIANS Studie ab [Nr. 327: Die Entstehung
des Schmalkaldischen Bundes und seiner Verfassungen] –, noch zur
protestantischen Union von 1608 oder zum Rheinbund von 1806
grundlegende Untersuchungen gibt. Immerhin liegt jetzt ein von V.

Alternativen zur
Reichsverfassung?

PRESS initiierter Sammelband vor, in dem die wichtigsten Bünde im
Reich vom ausgehenden 15. bis zum beginnenden 19. Jahrhundert –
bemerkenswerterweise fehlt der Schmalkaldische Bund – unter der
Fragestellung behandelt werden, inwieweit sie „Alternativen zur
Reichsverfassung in der Frühen Neuzeit" waren [Nr. 220]. Auch wenn

die Beiträge im Ergebnis zeigen, daß diese bündischen Zusammenschlüsse mehr „subsidiäre Strukturelemente" als „Alternativentwürfe"
waren [Nr. 339: A. GOTTHARD, Protestantische „Union" und Katholische „Liga", 81] und keineswegs einer umfassenden reichsreformerischen Konzeption folgten, so verdeutlichen sie die Fruchtbarkeit des
Ansatzes, das Heilige Römische Reich auch aus dem Blickwinkel der
sehr unterschiedlichen und letztlich immer gescheiterten Bündnisse zu
betrachten und zu verstehen. Zugleich unterstreichen die zum Teil sehr
skizzenhaften Ausführungen, wie notwendig die Erarbeitung politik-
und verfassungsgeschichtlich breit angelegter Bünde-Geschichten ist.

E. Reichsjustiz, Reichsverwaltung, Reichsmilitär

Defizite an frühmoderner Staatlichkeit

Aus der Tatsache, daß das Heilige Römische Reich in der Frühen Neuzeit Ständestaat blieb und nicht – wie die Mehrzahl seiner Territorien – die Entwicklung zum frühmodernen Staat mitmachte, erklärt sich, daß die Bereiche zentralen staatlichen Handelns, aus denen heraus der Staat gemeinhin wirksam wird, im Alten Reich unterentwickelt blieben. Weder kam es zur Einrichtung einer Reichsverwaltung, noch erfolgte eine dauerhafte Errichtung von Reichspolizei oder Reichsmilitär zur Durchführung von reichsrechtlich gebotenen Exekutions- oder Verteidigungsmaßnahmen. Lediglich auf dem Gebiet des Gerichtswesens behauptete das Reich als Ganzes eine von 1495 bis 1806 fast kontinuierliche Zuständigkeit.

Höchste Gerichtsbarkeit im Reich

Dies spiegelt folglich auch die Forschungssituation wider, die durch ein verstärktes Bemühen um ein besseres Verständnis des Reichskammergerichts und des Reichshofrates gekennzeichnet ist. Sie wird exemplarisch dokumentiert in den seit 1973 erscheinenden Bänden der Reihe „Quellen und Forschungen zur höchsten Gerichtsbarkeit im Alten Reich", in der u. a. A. LAUFS „Die Reichskammergerichtsordnung von 1555" [Nr. 115] und W. SELLERT „Die Ordnungen des Reichshofrates 1550–1766" [Nr. 104] herausgegeben sowie J. WEITZEL seine

Reichskammergericht

Studien „zur politischen Geschichte der Rechtsmittel in Deutschland" [Nr. 618: Der Kampf um die Appellation ans Reichskammergericht], P. SCHULZ seine Monographie über „Die politische Einflußnahme auf die Entstehung der Reichskammergerichtsordnung 1548" [Nr. 608] und K. MENCKE seine Untersuchungen über „Die Visitationen am Reichskammergericht im 16. Jahrhundert" [Nr. 596] publiziert haben. Eine kleine „Schriftenreihe der Gesellschaft für Reichskammergerichtsforschung" u. a. mit Arbeiten von V. PRESS über „Das Reichskammergericht in der deutschen Geschichte" [Nr. 603], W. SCHULZE über „Reichskammergericht und Reichsfinanzverfassung im 16. und 17. Jahrhundert" [Nr. 609] oder M. NEUGEBAUER-WÖLK über „Reichsjustiz und Aufklärung" [Nr. 598] steht für das besondere Interesse, das das Reichskammergericht seit den 1970er Jahren gefunden hat. Grundlegend geblieben ist R. SMENDS Monographie über Geschichte und Verfassung des Reichskammergerichts von 1911 [Nr. 614: Das Reichskammergericht].

Repräsentativ für den Stand der Forschung zur höchsten Gerichtsbarkeit im Heiligen Römischen Reich sind neben zahlreichen Mono-

graphien und einigen Quelleneditionen vor allem auch drei von B. DIE-
STELKAMP herausgegebene Tagungsbände aus den Jahren 1984, 1990
und 1993 mit zahlreichen Detailstudien [Nr. 571: Forschungen aus Akten des Reichskammergerichts; Nr. 573: Das Reichskammergericht in
der deutschen Geschichte; Nr. 572: Die politische Funktion des Reichs-
kammergerichts]. Sie zeigen anschaulich, welche Funktionen – auch
politische – Reichskammergericht und Reichshofrat im Alten Reich
hatten [Nr. 586: G. HAUG-MORITZ, Die Behandlung des württembergischen Ständekonflikts], beleuchten deren territoriale Wirksamkeit [Nr.
580: H. GABEL, Beobachtungen zur territorialen Inanspruchnahme] und
geben exemplarische Einblicke in ihre rechtsprechende Tätigkeit unter
Berücksichtigung z. B. der geistesgeschichtlichen Einflüsse [Nr. 616:
W. TROSSBACH, Illuminaten am Reichskammergericht; Nr. 619: J.
WEITZEL, Das Reichskammergericht und der Schutz von Freiheitsrech-
ten]. Daneben spielen prosopographisch-sozialgeschichtliche Fragestellungen in den Arbeiten mit dem im allgemeinen sehr spröden und
nicht leicht zu benutzenden Aktenmaterial des Reichskammergerichts
eine große Rolle [Nr. 605: F. RANIERI, Recht und Gesellschaft im Zeitalter der Rezeption; S. JAHNS, Juristen im Alten Reich; Nr. 591: Die
Personalverfassung des Reichskammergerichts; Nr. 575: H. DUCH-
HARDT, Die kurmainzischen Reichskammergerichtsassessoren]. Auf
viele Bände angelegt und bisher bis zum Buchstaben „E" gediehen ist
ein von F. RANIERI herausgegebenes „Biographisches Repertorium der
Juristen im Alten Reich 16.-18. Jahrhundert". In mancherlei Hinsicht
hat das Bemühen der rechts-, verfassungs- und sozialgeschichtlichen
Forschung um Reichskammergericht und (bisher weniger ausgeprägt)
Reichshofrat, für den noch immer O. von GSCHLIESSERS Monographie   Reichshofrat
von 1942 unentbehrlich ist [Nr. 583: Der Reichshofrat], beachtliche Ergebnisse oder Zwischenergebnisse zutage gefördert, aber „insgesamt
bleibt für die Erforschung der ‚Höchsten Gerichtsbarkeit im Alten
Reich' noch viel zu tun" [Nr. 612: W. SELLERT, Das Verhältnis von
Reichskammergerichts- und Reichshofratsordnungen, 128].

   Dies gilt in besonderem Maße auch für den Bereich der lediglich   Andere Reichs-
rudimentär ausgebildeten Reichsverwaltung, für den mit O. von   institutionen
GSCHLIESSERS Aufsatz über „Das Beamtentum der hohen Reichsbehörden" [Nr. 582] allenfalls ein Weg angedeutet ist. Im übrigen sind wir
z. B. für die Reichshofkanzlei auf ältere, in erster Linie institutionengeschichtlich konzipierte Arbeiten angewiesen [Nr. 581: L. GROSS, Die
Geschichte der deutschen Reichshofkanzlei von 1559 bis 1806; Nr.
585: H. HANTSCH, Reichsvizekanzler Friedrich Karl von Schönborn;
Nr. 595: H. KRETSCHMAYR, Das deutsche Reichsvicekanzleramt]. Un-

entbehrlich ist noch immer T. FELLNERS und H. KRETSCHMAYRS Darstellung der die Reichsinstitutionen einbeziehenden österreichischen Zentralverwaltung [Nr. 578: Die Österreichische Zentralverwaltung].

Reichsmilitär   Ähnliches gilt für das Reichsmilitär, dessen Erforschung unter neuen, verfassungs-, sozial- und institutionengeschichtliche Aspekte verbindenden Fragestellungen nach einer weitgehenden Abwendung der deutschen Geschichtswissenschaft von der Militärgeschichte insgesamt nach 1945 nur mühsam wieder beginnt. Abgesehen von dem mangelnden militärgeschichtlichen Interesse der Historiker ist nicht zu übersehen, daß das Reichsmilitär als Forschungsgegenstand Probleme bereitet, gab es eine Reichsarmee doch nur in Zeiten verhältnismäßig seltener Reichskriege und kam es erst 1681/82 zur Einigung zwischen „Reichskriegs-   Kaiser und Reichsständen über eine Torso gebliebene sog. „Reichsverfassung"   kriegsverfassung". K.O. von ARETIN hat sie in seiner ersten Reichs-Monographie denn auch „nur am Rande behandelt": „An den Anfang gestellt, müßte sie den Zugang zum Wesen der alten Reichsverfassung verstellen, denn ihre Ausprägung hatte diese nicht auf dem Gebiet der militärischen Macht, sondern eindeutig im Sinn einer Rechts- und Friedensordnung erhalten" [Nr. 197: Heiliges Römisches Reich 1776–1806, 103]. Dem hat H. NEUHAUS widersprochen, indem er die Interdependenz von Reichsverfassung und Reichskriegsverfassung als „eine Variante sui generis des umfassenden Themenkomplexes ,Staatsverfassung und Heeresverfassung'" betonte und entschieden für eine Erforschung von frühneuzeitlicher Reichskriegsverfassung und des Reichsmilitärs plädierte, die sich nicht an den für das Reich unangemessenen Maßstäben der Stehenden Heere des Ancien régime oder denen des spätneuzeitlichen Militärwesens orientieren darf [Nr. 601: Das Problem der militärischen Exekutive in der Spätphase des Alten Reiches, 301].

Außerhalb der Forschungen zum Kriegswesen einzelner Reichskreise liegen zum Reichsmilitär und zur Reichskriegsverfassung nur wenige neuere Studien vor. H. ANGERMEIER hat sich der Entstehungsgeschichte der „Reichskriegsverfassung in der Politik der Jahre 1679–1681" zugewandt [Nr. 566], K. MÜLLER der „Reichskriegserklärung im 17. und 18. Jahrhundert" [Nr. 597], H. NEUHAUS der Reichskriegsver-
Reichsgeneralität   fassung der Frühen Neuzeit insgesamt und vor allem der Reichsgeneralität, die sich im 18. Jahrhundert zu einer ständig verfügbaren Führungselite ohne stehende Armee entwickelte [Nr. 601: Das Problem der militärischen Exekutive in der Spätphase des Alten Reiches; Nr. 600: Prinz Eugen als Reichsgeneral; Nr. 602: Das Reich im Kampf gegen Friedrich den Großen; Nr 599: Franken in Diensten von Kaiser und Reich (1648–1806)]. Zur Vorgeschichte der epochemachenden Reichs-

exekutionsordnung von 1555 hat A. KOHLER eine Studie vorgelegt [Nr. 594: Die Sicherung des Landfriedens im Reich], der sich auch generell mit der „Kriegsorganisation und Kriegführung in der Zeit Karls V." befaßt hat [Nr. 593]. H. HAAN hat die im Prager Frieden von 1635 enthaltene Heeresreform behandelt [Nr. 584: Kaiser Ferdinand II. und das Problem des Reichsabsolutismus].

III. Quellen und Literatur

Die verwendeten Abkürzungen richten sich nach den Siglen der Historischen Zeitschrift.
Weitere Abkürzungen:
HZ   Historische Zeitschrift
MÖStA   Mitteilungen des Österreichischen Staatsarchivs

A. Quellen

1. Allgemeine Sammlungen und Quellenkunden

1. W. BECKER (Bearb.), Dreißigjähriger Krieg und Zeitalter Ludwigs XIV. (1618–1715). Darmstadt 1995.
2. W. DOTZAUER (Bearb.), Das Zeitalter der Glaubensspaltung (1500–1618). Darmstadt 1987.
3. Gegenreformation und Dreißigjähriger Krieg 1555–1648. Hrsg. v. B. ROECK. Stuttgart 1996.
4. Kaiser und Reich. Klassische Texte zur Verfassungsgeschichte des Heiligen Römischen Reiches Deutscher Nation vom Beginn des 12. Jahrhunderts bis zum Jahre 1806. Hrsg. v. A. BUSCHMANN. München 1984. 2. erg. Aufl. 2 Bde. Baden-Baden 1994.
5. J. L. KLÜBER, Neue Litteratur des teutschen Staatsrechts. Als Fortsetzung und Ergänzung der Pütterischen. Erlangen 1791 (Fortsetzung von Nr. 7).
6. K. MÜLLER (Bearb.), Absolutismus und Zeitalter der Französischen Revolution (1715–1815). Darmstadt 1982.
7. J. S. PÜTTER, Litteratur des Teutschen Staatsrechts. 3 Teile. Göttingen 1776–1783 (wird fortgesetzt von Nr. 5).
8. K. REPGEN, Über Lünigs „Teutsches Reichs-Archiv" (1710–1722): Aufbau und Zitierungs-Möglichkeiten, in: K. REPGEN

(Hrsg.), Forschungen und Quellen zur Geschichte des Dreißigjährigen Krieges. Münster 1981, 240–285.
9. Quellen zum Verfassungsorganismus des Heiligen Römischen
Reiches Deutscher Nation 1495–1815. Hrsg. von H. H. HOFMANN.
Darmstadt 1976.
10. Quellen zur Verfassungsentwicklung des Heiligen Römischen
Reiches Deutscher Nation (1495–1806). Bearb. v. H. DUCHHARDT.
Darmstadt 1983.
11. Quellen zur Verfassungsgeschichte des Römisch-deutschen Reiches im Spätmittelalter (1250–1500). Ausgewählt und übersetzt v.
L. WEINRICH. Darmstadt 1983.
12. K. VON RAUMER, Ewiger Friede. Friedensrufe und Friedenspläne
seit der Renaissance. Freiburg i. Br./München 1953.
13. Von der Französischen Revolution bis zum Wiener Kongreß
1789–1815. Hrsg. v. W. DEMEL/U. PUSCHNER. Stuttgart 1995.
14. Zeitalter des Absolutismus 1648–1789. Hrsg. v. H. NEUHAUS.
Stuttgart 1997.
15. K. ZEUMER, Quellensammlung zur Geschichte der Deutschen
Reichsverfassung in Mittelalter und Neuzeit. Teil 2: Von Maximilian I. bis 1806. 2. Aufl. Tübingen 1913, Neudruck Aalen 1987.

2. Zeitgenössische Ausgaben (bis 1806)

16. F. F. VON ANDERLEN, Corpus constitutionum imperialium. 3 Bde.
Frankfurt a. M. 1700.
17. Beylagen zu dem Protocolle der Reichs-Friedens-Deputation zu
Rastatt. 3 Bde. Hrsg. v. H. FRH. MÜNCH VON BELLINGHAUSEN. Rastatt 1798–1800.
18. Beilagen zu dem Protokolle der außerordentlichen Reichsdeputation zu Regensburg. 4 Bde. Regensburg 1803.
19. J. S. BURGERMEISTER, Reichsritterschaftliches corpus iuris oder
codex diplomaticus equestris. 2 Bde. 2. Aufl. Ulm 1721.
20. Capitulatio Harmonica, das ist: Der Allerdurchlauchtigsten Römisch-Kayserlichen und Königlichen Majest. Majest. Josephi und
Caroli VI. errichtete Wahl-Capitulationes. Nürnberg 1741.
21. Corpus Juris Cameralis. Hrsg. v. G. M. v. Ludolff. Frankfurt a. M.
1724.
22. Corpus Juris Militaris des Heil. Röm. Reichs. Hrsg. v. J. C. LÜNIG.
Leipzig 1723, Neudruck Osnabrück 1968.

23. A. F. W. CROME, Die Wahlkapitulation des römischen Kaisers Leopold des Zweiten. Hildburghausen 1791.

24. Des hochlöblichen Fränckischen Crayses Abschide und Schlüsse von Jahr 1600 biß 1748. Hrsg. v. F. C. MOSER. Nürnberg 1752.

25. Des hochlöblichen Ober-Sächsischen Crayses Abschide. Hrsg. v. F. C. MOSER. Jena 1752.

26. C. T. GEMEINER, Geschichte der öffentlichen Verhandlungen des zu Regensburg noch fortwährenden Reichstags von dessen Anfang bis auf neuere Zeiten. 3 Bde. Nürnberg 1794–1796.

27. C. F. GERSTLACHER, Handbuch der teutschen Reichsgeseze, nach dem möglichst ächten Text, in sistematischer Ordnung. 11 Teile. Karlsruhe/Stuttgart 1786–1794.

28. H. S. G. GUMPELZHAIMER, Die Reichs-Matrikel aller Kreise. Ulm 1796.

29. Handbuch des Teutschen Staatsrechts nach dem System des Herrn Geheimen Justizrath Pütter. Zum gemeinnützigen Gebrauch der gebildeten Stände in Teutschland, mit Rücksicht auf die neuesten merkwürdigsten Ereignisse. 3 Bde. Bearb. v. K. F. HÄBERLIN. Berlin 1794–1797.

30. J. C. HIRSCH, Des Teutschen Reichs Münz-Archiv. 2 Bde. Nürnberg 1756.

31. Römisch-Königliche Kapitulation Ferdinands des Ersten vom 7. Jenner 1531. Hrsg. v. G. A. ARNDT. Leipzig 1781.

32. J. A. KOPP, Beylagen zur Gründlichen Abhandlung von der Association derer Vordern Reichs-Craysse. Frankfurt a. M. 1739.

33. Der Römischen Kayserlichen Majestät und Deß Heiligen Römischen Reichs Geist- und Weltlicher Stände, Chur- und Fürsten, Grafen, Herren und Städte Acta Publica und Schriftliche Handlungen […]. 18 Bde. Hrsg. v. M. C. LONDORP. Frankfurt a. M. 1668–1721.

34. J. C. LÜNIG, Codex Germaniae Diplomaticus. 2 Bde. Leipzig 1722/33.

35. J. C. LÜNIG, Das Teutsche Reichs-Archiv […]. 24 Bde. Leipzig 1710–1722.

36. J. G. VON MEIERN, Acta Comitialia Ratisbonensia Publica, Oder Regenspurgische Reichstags-Handlungen und Geschichte von den Jahren 1653 und 1654. 2 Teile. Leipzig 1738–1740.

37. J. G. VON MEIERN, Acta Pacis Executionis Publica Oder Nürnbergische Friedens=Handlungen und Geschichte. 2 Teile. Hannover/Tübingen/Leipzig/Göttingen 1736–1737.

38. J. G. VON MEIERN, Acta Pacis Westphalicae Publica. Oder West-

phälische Friedens=Handlungen und Geschichte. 6 Teile. Hannover 1734–1736.

39. J. J. MOSER, Ihro Römisch-Kayserlichen Majestät Carls des Siebenden Wahl-Capitulation. 3 Teile. Frankfurt a. M. 1742–1744.

40. J. J. MOSER, Teutsches Staats-Recht. 53 Bde. Nürnberg/Ebersdorf/ Leipzig 1737–1754.

41. J. J. MOSER, Neues Teutsches Staatsrecht. 20 Bde. Stuttgart/ Frankfurt a. M./Leipzig 1766–1782.

42. J. J. MOSER, Wahl-Capitulation Ihro Römisch-Kayserlichen Majestät Frantz des Ersten. 2 Teile. Frankfurt a.M. 1745–1747.

43. Neue und vollständigere sammlung der reichsabschiede. Hrsg. v. H. C. SENCKENBERG. 4 Teile. Frankfurt a. M. 1747.

44. De Pace Religionis Acta Publica et Originalia, Das ist: Reichshandlungen, Schrifften und Protocollen über die Reichs-Constitution des Religions-Friedens. 3 Bde. Hrsg. v. C. LEHMANN. Frankfurt a. M. 1707.

45. Protocoll der Reichs-Friedens-Deputation zu Rastatt, samit allen Beylagen. 3 Bde. Hrsg. v. H. FRH. MÜNCH VON BELLINGHAUSEN. Rastatt 1798–1799.

46. Protokoll der außerordentlichen Reichsdeputation zu Regensburg. 2 Bde. Regensburg 1803.

47. Reichs-Tages-Diarium. 8 Bde. Hrsg. v. C. G. OERTEL. Regensburg 1754–1766.

48. Neues Reichs-Tages-Diarium. 16 Bde. Hrsg. v. C. G. OERTEL. Regensburg 1768–1797.

49. J. A. REUSS, Deductions- und Urkundensammlung. Ein Beitrag zur Teutschen Staatskanzley. 15 Bde. Ulm/Stettin 1785–1799.

50. J. A. S. VON RIEGGER, Harmonische Wahlkapitulation Kaiser Josephs II. mit allen vorhergehenden Wahlkapitulationen der vorigen Kaiser und Könige. 2 Teile. Prag 1782.

51. Sammlung aller Conclusorum, Schreiben und anderer Verhandlungen des hochpreißlichen Corporis Evangelicorum vom Jahre 1753 bis 1786. Hrsg. v. N. A. HERRISCH. Regensburg 1786.

52. Vollständige Sammlung aller Conclusorum, Schreiben und anderer übrigen Verhandlungen des hochpreißlichen Corporis Evangelicorum von Anfang des jetzt fürwährenden hochansehnlichen Reichs-Convents bis auf die gegenwärtige Zeiten. Nach Ordnung der Materien [...]. 3 Bde. Hrsg. v. E. C. W. VON SCHAUROTH. Regensburg 1751–1752.

53. Sammlung des Heil. Römischen Reichs sämtlicher Crays-Ab-

schiede und anderer Schlüsse. 3 Teile. Hrsg. v. F. C. Moser. Leipzig/Ebersdorf/Homburg v.d.H. 1747–1748.

54. Sammlung des baierischen Kreisrechts. Hrsg. v. J. G. Lori. München 1764.

55. J. J. Schmauss, Corpus Iuris Publici [...] enthaltend des Heil. Röm. Reichs deutscher Nation Grund-Gesetze. Vermehrte Aufl. v. H. G. Franken/G. Schumann. Leipzig 1774.

56. Vollständige Sammlung aller von Anfang des noch fürwährenden Teutschen Reichs-Tags de Anno 1663 biß anhero abgefaßten Reichs-Schlüsse. 4 Teile. Hrsg. v. J. J. Pachner v. Eggenstorff. Regensburg 1740–1777.

57. D. F. A. Schmelzer, Die kaiserliche Wahlkapitulation Seiner Majestät Franz des Zweyten. Helmstedt 1793.

58. Staats-Archiv. 16 Bde. Hrsg. v. K. F. Häberlin. Helmstedt/Leipzig 1796–1807.

59. Staats-Archiv des Kayserl. und des H. Röm. Reichs Cammer-Gericht. 6 Teile. Hrsg. v. J. H. Harpprecht. Ulm/Frankfurt a. M. 1757–1768.

60. Teutsches Staats-Archiv, oder Sammlung derer neuest- und wichtigsten Reichs-, Crays- und anderer Handlungen, Deductionen, Urtheile der höchsten Reichs-Gerichte [...]. 13 Bde. Hrsg. v. J. J. Moser. Hanau/Frankfurt a. M./Leipzig 1751–1757.

61. Vollständiges und zuverläßiges Verzeichnis der Kaiser, Churfürsten, Fürsten und Stände des Heil. Röm. Reichs wie auch derselben und auswärtiger Mächte Gesandtschaften, welche bey dem fürwährenden Reichs-Tage von seinem Anfange 1662 an bis zum Jahr 1760 sich eingefunden haben. Hrsg. v. C. G. Oertel. Regensburg 1760.

62. Wahl-Capitulationes, welche mit denen Römischen Kaysern und Königen, dann des H. Röm. Reichs Churfürsten als dessen vordersten Gliedern und Grund-Säulen seit Carolo V. her biß auff Ferdinandum IV. vor sich und folglich biß auff Josephum I. zugleich vor sämtliche des Heil. Röm. Reichs Fürsten und Stände Geding- und Pactsweise auffgerichtet. Hrsg. v. Chr. Ziegler. Frankfurt a. M. 1711.

63. Ihro Röm. Königl. Majestät Josephi II. Wahl-Capitulation. Bearb. v. F. E. Serger. Mainz 1764.

64. Wahlkapitulation des römischen Kaisers Leopold des Zweiten. Bearb. v. J. R. Roth. Mainz/Frankfurt a. M. 1790.

3. Quellensammlungen und Editionen
des 19. und 20. Jahrhunderts

65. Acta Pacis Westphalicae. 3 Serien, 10 Abt., 19 Bde. Hrsg. v. M. BRAUBACH/K. REPGEN. Münster 1962–1994.

66. Preußische und österreichische Acten zur Vorgeschichte des Siebenjährigen Krieges. Hrsg. v. G. B. VOLZ/G. KÜNZEL. Leipzig 1899.

67. K. O. FREIHERR VON ARETIN, Heiliges Römisches Reich 1776–1806. Teil 2: Ausgewählte Aktenstücke. Wiesbaden 1967.

68. Der Augsburger Religionsfriede vom 25. September 1555. Kritische Ausgabe des Textes mit den Entwürfen und der königlichen Deklaration. Bearb. v. K. BRANDI. 2. Aufl. Göttingen 1927.

69. Beiträge zur Geschichte Herzog Albrechts V. und des Landsberger Bundes 1556–1598. Bearb. v. W. GOETZ. München 1898.

70. Blarer, Gerwig, Abt von Weingarten 1520–1567. Briefe und Akten. 2 Bde. Bearb. v. H. GÜNTER. Stuttgart 1921.

71. Briefe des Pfalzgrafen Johann Casimir mit verwandten Schriftstücken. 3 Bde. Hrsg. v. F. VON BEZOLD. München 1882–1903.

72. Briefe Friedrich des Frommen, Kurfürsten von der Pfalz, mit verwandten Schriftstücken. 2 Bde. Hrsg. v. A. KLUCKHOHN. Braunschweig 1868–1872.

73. Die Briefe König Friedrich Wilhelms I. an den Fürsten Leopold zu Anhalt-Dessau 1704–1740. Bearb. v. O. KRAUSKE. Berlin 1905.

74. Briefe und Akten zur Geschichte des 16. Jahrhunderts mit besonderer Rücksicht auf Bayerns Fürstenhaus. 6 Bde. Bearb. v. A. VON DRUFFEL/W. GOETZ/L. THEOBALD. München/Leipzig 1873–1913.

75. Briefe und Akten zur Geschichte des Dreißigjährigen Krieges in den Zeiten des vorwaltenden Einflusses der Wittelsbacher. 12 Bde. Hrsg. v. M. RITTER/F. STIEVE/K. MAYR/A. CHROUST/H. ALTMANN. München 1870–1978.

76. Briefe und Akten zur Geschichte des Dreißigjährigen Krieges. Neue Folge. Die Politik Maximilians I. von Bayern und seiner Verbündeten 1618–1651. 8 Bde. Hrsg. v. G. FRANZ/A. DUCH/W. GOETZ/D. ALBRECHT/K. BIERTHER. München/Wien 1907–1982.

77. Briefe und Akten zur Geschichte Wallensteins (1630–1634). 4 Bde. Hrsg. v. H. HALLWICH. Wien 1912.

78. Briefwechsel des Herzogs Christoph von Wirtemberg. 4 Bde. Hrsg. v. V. ERNST. Stuttgart 1899–1907.
79. Politischer Briefwechsel des Herzogs und Großherzogs Carl August von Weimar. Hrsg. v. W. ANDREAS/H. TÜMMLER. 3 Bde. Stuttgart 1954–1973.
80. Die Carolina. Die Peinliche Gerichtsordnung Karls V. von 1532. Hrsg. v. F. C. SCHROEDER. Darmstadt 1986.
81. J. COCHLAEUS, Brevis Germanie Descriptio (1512) mit der Deutschlandkarte des Erhard Etzlaub von 1501. Hrsg., übersetzt und kommentiert v. K. LANGOSCH, Darmstadt 1969.
82. Correspondenz des Kaisers Karl V. Hrsg. v. K. LANZ. 3 Bde. Leipzig 1844–1846.
83. Politische Correspondenz Karl Friedrichs von Baden 1783–1806. Bearb. v. B. ERDMANNSDÖRFFER/K. OBSER. 6 Bde. Heidelberg 1888–1915.
84. Politische Correspondenz der Stadt Straßburg im Zeitalter der Reformation. 5 Bde. Bearb. v. H. VIRCK/O. WINCKELMANN/H. GERBER/W. FRIEDENSBURG. Straßburg/Heidelberg 1882–1933.
85. Deutsche Reichstagsakten. Reichsversammlungen 1556–1662. 2 Bde. Bearb. v. M. LANZINNER/T. FRÖSCHL. Göttingen 1988–1994.
86. Deutsche Reichstagsakten unter Kaiser Karl V. [Jüngere Reihe]. 7 Bde., teilweise mehrere Teilbde. Bearb. v. A. KLUCKHOHN/A. WREDE/J. KÜHN/W. STEGLICH/R. AULINGER. Gotha/Stuttgart/Göttingen 1893–1992.
87. Deutsche Reichstagsakten unter Maximilian I. [Mittlere Reihe]. 4 Bde. Bearb. v. E. BOCK/H. GOLLWITZER/H. ANGERMEIER. Göttingen 1972–1989.
88. Dokumente zur deutschen Verfassungsgeschichte. Bd. 1: Deutsche Verfassungsdokumente 1803–1850. Hrsg. v. E. R. HUBER. 3. Aufl. Stuttgart/Berlin/Köln/Mainz 1978.
89. Das Ende des Alten Reiches. Der Reichsdeputationshauptschluß und die Rheinbundakte von 1806 nebst zugehörigen Aktenstükken. Bearb. v. E. WALDER. 2. Aufl. Bern 1962.
90. Feldzüge des Prinzen Eugen von Savoyen. Nach den Feld-Acten und anderen authentischen Quellen. Hrsg. v. d. Abtheilung für Kriegsgeschichte des k.k. Kriegs-Archivs. 21 Bde. Wien 1876–1892.
91. Frankfurts Reichscorrespondenz nebst andern verwandten Aktenstücken von 1376–1519. Hrsg. v. J. JANSSEN. Bd. 2: Aus der Zeit Kaiser Friedrichs III. bis zum Tode Kaiser Maximilians I. 1440–1519. Freiburg/Br. 1872.

92. W. FRIEDENSBURG, Das Protokoll der auf dem Augsburger Reichstag von 1555 versammelten Vertreter der Reichsstädte, in: ARG 34 (1937) 36–86.

93. Die Goldene Bulle Kaiser Karls IV. vom Jahre 1356. Bearb. v. W. D. FRITZ. Weimar 1972.

94. G. W. F. HEGEL, Die Verfassung Deutschlands (1800–1802), in: G. W. F. HEGEL, Frühe Schriften. 2. Aufl. Frankfurt a.M. 1990, 449–610.

95. Instrumenta Pacis Westphalicae. Die Westfälischen Friedensverträge 1648. Bearb. v. K. MÜLLER. 2. Aufl. Bern 1966.

96. Die Korrespondenz Ferdinands I. 3 Bde. Bearb. v. W. BAUER/A. LACROIX/H. WOLFRAM/C. THOMAS. Wien 1912–1984.

97. Die Korrespondenz Maximilians II. 2 Bde. Bearb. v. V. BIBL. Wien 1916–1921.

98. Politische Korrespondenz des Herzogs und Kurfürsten Moritz von Sachsen. 4 Bde., Hrsg. v. E. BRANDENBURG/J. HERMANN/G. WARTENBERG. Leipzig/Berlin 1900–1992.

99. Kriegs- und Staatsschriften des Markgrafen Ludwig Wilhelm von Baden ueber den spanischen Erbfolgekrieg. Hrsg. v. P. RÖDER VON DIERSBURG. 2 Bde. Karlsruhe 1850.

100. G. W. LEIBNIZ, Politische Schriften. 2 Bde., 3. Aufl. Berlin 1983.

101. Markgraf Ludwig Wilhelm von Baden und der Reichskrieg gegen Frankreich 1693–1697. Bd. 2: Quellen. Bearb. v. A. SCHULTE. Karlsruhe 1892.

102. Notabilia was des [...] Hauß Oesterreichs Gesandten als Directoribus deß Fürstenraths bei den Reichstägen obliegt, in: MIÖG 29 (1908), 335–338.

103. Nuntiaturberichte aus Deutschland. Nebst ergänzenden Aktenstücken. 4 Abt., Tübingen/Wien/Paderborn/München 1892–1981.

104. Die Ordnungen des Reichshofrates 1550–1766. 2 Halbbde. Hrsg. v. W. SELLERT. Köln/Wien 1980–1990.

105. S. PUFENDORF, Die Verfassung des deutschen Reiches. Übersetzung, Anmerkungen und Nachwort von H. Denzer. Stuttgart 1976.

106. E. VON PUTTKAMER, Föderative Elemente im deutschen Staatsrecht seit 1648. Göttingen 1955.

107. Quellen zur Geschichte der deutschen Kaiserpolitik Österreichs während der Französischen Revolutionskriege 1790–1801. 5 Bde. Hrsg. v. A. RITTER VON VIVENOT/H. RITTER VON ZEISSBERG. Wien 1873–1890.

108. Quellen zur Geschichte des Kaisers Maximilian II. 2 Bde. Hrsg. v. M. KOCH. Leipzig 1857–1861.

109. Quellen zur Geschichte Karls V. Hrsg. v. A. KOHLER. Darmstadt 1990.

110. Quellen zur Geschichte Wallensteins. Hrsg. v. G. LORENZ. Darmstadt 1987.

111. Quellen zur Vorgeschichte und zu den Anfängen des Dreißigjährigen Krieges. Hrsg. v. G. LORENZ. Darmstadt 1991.

112. Des kursächsischen Rathes Hans von der Planitz Berichte aus dem Reichsregiment in Nürnberg 1521–1523. Bearb. v. E. WÜLCKER/H. VIRCK. Leipzig 1899.

113. Recht und Verfassung des Reiches in der Zeit Maria Theresias. Die Vorträge zum Unterricht des Erzherzogs Joseph im Natur- und Völkerrecht sowie im Deutschen Staats- und Lehnrecht. Hrsg. v. H. CONRAD. Köln/Opladen 1964.

114. Der jüngste Reichsabschied von 1654. Bearb. v. A. LAUFS. Bern/Frankfurt a. M. 1975.

115. Die Reichskammergerichtsordnung von 1555. Hrsg. v. A. LAUFS. Köln/Wien 1976.

116. Der Reichstag von 1613. Bearb. v. A. CHROUST. München 1909.

117. Das Reichstagsprotokoll des kaiserlichen Kommissars Felix Hornung vom Augsburger Reichstag 1555. Hrsg. v. H. LUTZ/A. KOHLER. Wien 1971.

118. F. ROTH, Zur Geschichte des Reichstages zu Regensburg im Jahre 1541, in: ARG 2 (1904/05), 250–307, ARG 3 (1905/06), 18–64, ARG 4 (1906/07), 65–98, 221–304.

119. Die Schmalkaldischen Bundesabschiede 1530–1532. Hrsg. v. E. FABIAN. Tübingen 1958.

120. Die Schmalkaldischen Bundesabschiede 1533–1536. Mit Ausschreiben der Bundestage und anderen archivalischen Beilagen. Hrsg. v. E. FABIAN. Tübingen 1958.

121. Der deutsche Staatsgedanke von seinen Anfängen bis auf Leibniz und Friedrich den Großen. Dokumente und Entwicklung. Hrsg. v. P. JOACHIMSEN. München 1921.

122. Staatspapiere zur Geschichte des Kaisers Karl V. Hrsg. v. K. LANZ. Stuttgart 1845.

123. Das Staatsrecht des Heiligen Römischen Reiches Deutscher Nation. Eine Darstellung der Reichsverfassung gegen Ende des 18. Jahrhunderts. Hrsg. v. W. WAGNER. Heidelberg/Karlsruhe 1968.

124. Valentin von Tetleben. Protokoll des Augsburger Reichstages 1530. Hrsg. v. H. GRUNDMANN. Göttingen 1958.

125. Traktat über den Reichstag im 16. Jahrhundert. Eine offiziöse Darstellung aus der Kurmainzischen Kanzlei. Hrsg. v. K. RAUCH. Weimar 1905.

126. Urkundenbuch zu der Geschichte des Reichstages zu Augsburg im Jahre 1530. 2 Bde. Hrsg. v. K. E. FÖRSTEMANN. Halle 1833–1835, Neudruck Osnabrück 1966.

127. Urkunden und Actenstücke zur Geschichte des Kurfürsten Friedrich Wilhelm von Brandenburg. 23 Bde. Berlin/Leipzig 1864–1930.

128. Urkunden und Aktenstücke des Reichsarchivs Wien zur reichsrechtlichen Stellung des Burgundischen Kreises. 3 Bde. Bearb. v. L. GROSS/R. v. LACROIX/J. K. MAYR. Wien 1944–1945.

129. Urkunden zur Geschichte des Schwäbischen Bundes (1488–1533). 2 Bde. Hrsg. v. K. KLÜPFEL. Stuttgart 1846–1853.

130. Vorträge über Recht und Staat von Carl Gottlieb Svarez (1746–1798). Hrsg. v. H. CONRAD/G. KLEINHEYER. Köln/Opladen 1960.

131. Mikrofiche-Edition: Österreichisches Staatsarchiv, Wien, Haus-, Hof- und Staatsarchiv: Reichskanzlei, Akten der Prinzipalkommission des Immerwährenden Reichstages zu Regensburg 1663 bis 1806. Berichte, Weisungen, Instruktionen. München [u. a.] 1990–1993.

B. Literatur

1. Epochen- und Grundsatzfragen

132. H. ANGERMEIER (Hrsg.), Säkulare Aspekte der Reformationszeit. München/Wien 1983.
133. H. ANGERMEIER, Begriff und Inhalt der Reichsreform, in: ZRG GA 75 (1958), 181–205.
134. H. ANGERMEIER, Deutschland zwischen Reichstradition und Nationalstaat. Verfassungspolitische Konzeptionen und nationales Denken zwischen 1801 und 1815, in: ZRG GA 107 (1990), 19–101.
135. H. ANGERMEIER, Nationales Denken und Reichstradition am Ende des alten Reiches, in: Nr. 141, 169–186.
136. H. ANGERMEIER, Die Reichsreform 1410–1555. Die Staatsproblematik in Deutschland zwischen Mittelalter und Gegenwart. München 1984.
137. H. ANGERMEIER, Reichsreform und Reformation, in: HZ 235 (1982), 529–604.
138. K. O. VON ARETIN, Das Problem der Regierbarkeit im Heiligen Römischen Reich, in: W. HENNIS/P. GRAF KIELMANSEGG/U. MATZ (Hrsg.), Regierbarkeit, Bd. 2. Stuttgart 1979, 9–46.
139. K. O. VON ARETIN/K. HÄRTER (Hrsg.), Revolution und konservatives Beharren. Das Alte Reich und die Französische Revolution. Mainz 1990.
140. H. E. BÖDEKER/E. HINRICHS, Alteuropa – Frühe Neuzeit – Moderne Welt? Perspektiven der Forschung, in: H. E. BÖDEKER/E. HINRICHS (Hrsg.), Alteuropa – Ancien Régime – Frühe Neuzeit. Probleme und Methoden der Forschung. Stuttgart-Bad Cannstadt 1991, 11–50.
141. W. BRAUNEDER (Hrsg.), Heiliges Römisches Reich und moderne Staatlichkeit. Frankfurt a. M. [u. a.] 1993.
142. J. BURKHARDT, Abschied vom Religionskrieg. Der Siebenjährige Krieg und die päpstliche Diplomatie. Tübingen 1985.
143. F. DICKMANN, Der Westfälische Friede und die Reichsverfassung, in: Forschungen und Studien zur Geschichte des Westfälischen Friedens. Münster 1965, 5–32.
144. F. DICKMANN, Das Problem der Gleichberechtigung der Konfes-

sionen im Reich im 16. und 17. Jahrhundert, in: HZ 201 (1965), 265–305.

145. R. ENDRES, Adel in der Frühen Neuzeit. München 1993.

146. H. E. FEINE, Zur Verfassungsentwicklung des Heiligen Römischen Reiches seit dem Westfälischen Frieden, in: ZRG GA 52 (1932), 65–133.

147. Forschungen und Studien zur Geschichte des Westfälischen Friedens. Münster 1965.

148. D. GERHARD, Periodization in European History, in: AHR 61 (1956), 900–913.

149. D. GERHARD, Zum Problem der Periodisierung der Europäischen Geschichte, in: D. GERHARD, Alte und Neue Welt in vergleichender Geschichtsbetrachtung. Göttingen 1962, 40–56.

150. N. HAMMERSTEIN, Reichs-Historie, in: H. E. BÖDEKER [u.a.] (Hrsg.), Aufklärung und Geschichte. Göttingen 1986, 82–104.

151. N. HAMMERSTEIN, Das Römische am Heiligen Römischen Reich Deutscher Nation in der Lehre der Reichs-Publicisten, in: ZRG GA 100 (1983), 119–144.

152. M. HECKEL, Itio in partes. Zur Religionsverfassung des Heiligen Römischen Reiches Deutscher Nation, in: ZRG KA 95 (1978), 180–308.

153. M. HECKEL, Parität, in: ZRG KA 80 (1963), 261–420.

154. W. KAMLAH, Vom teleologischen Selbstverständnis zum historischen Verständnis der Neuzeit als Zeitalter, in: Absolutismus. Hrsg. v. W. HUBATSCH. Darmstadt 1973, 202–222 (zuerst 1969).

155. W. KAMLAH, „Zeitalter" überhaupt, „Neuzeit" und „Frühneuzeit", in: Saec 8 (1957), 313–332.

156. R. KOSELLECK, ‚Neuzeit'. Zur Semantik moderner Bewegungsbegriffe, in: Studien zum Beginn der modernen Welt. Hrsg. v. R. KOSELLECK. Stuttgart 1977, 264–299.

157. B. M. KREMER, Der Westfälische Friede in der Deutung der Aufklärung. Zur Entwicklung des Verfassungsverständnisses im Hl. Röm. Reich Deutscher Nation vom Konfessionellen Zeitalter bis ins späte 18. Jahrhundert. Tübingen 1989.

158. J. KUNISCH, Alteuropa – der Ursprung der Moderne, in: Deutschland in Europa. Kontinuität und Bruch. Gedenkschrift für Andreas Hillgruber. Hrsg. v. J. DÜLFFER/B. MARTIN/G. WOLLSTEIN. Berlin 1990, 21–36.

159. J. KUNISCH, L'ancien régime – das Ende Alteuropas, in: Spätzeit. Studien zu den Problemen eines historischen Epochenbegriffs. Hrsg. v. J. KUNISCH. Berlin 1990, 159–184.

160. J. KUNISCH (Hrsg.), Staatsverfassung und Heeresverfassung in der europäischen Geschichte der frühen Neuzeit. Berlin 1986.

161. J. KUNISCH (Hrsg.), Neue Studien zur frühneuzeitlichen Reichsgeschichte. Berlin 1987.

162. J. KUNISCH, Über den Epochencharakter der frühen Neuzeit, in: Die Funktion der Geschichte in unserer Zeit. Festschrift K.D. Erdmann. Hrsg. v. E. JÄCKEL/E. WEYMAR. Stuttgart 1975, 150–161.

163. U. LANGE, Der ständische Dualismus – Bemerkungen zu einem Problem der deutschen Verfassungsgeschichte, in: BlldtLG 117 (1981), 311–334.

164. A. P. LUTTENBERGER, Kurfürsten, Kaiser und Reich. Politische Führung und Friedenssicherung unter Ferdinand I. und Maximilian II. Mainz 1994.

165. H. LUTZ, Die deutsche Nation zu Beginn der Neuzeit. Fragen nach dem Gelingen und Scheitern deutscher Einheit im 16. Jahrhundert, in: HZ 234 (1982), 529–559.

166. I. MIECK, Periodisierung und Terminologie der Frühen Neuzeit. Zur Diskussion der letzten beiden Jahrzehnte, in: GWU 19 (1968), 357–373.

167. P. MORAW/K. O. VON ARETIN/N. HAMMERSTEIN/W. CONZE/E. FEHRENBACH, Reich, in: O. BRUNNER/W. CONZE/R. KOSELLECK (Hrsg.), Geschichtliche Grundbegriffe. Historisches Lexikon zur politisch-sozialen Sprache in Deutschland. Bd. 5. Stuttgart 1984, 423–508.

168. P. MORAW/V. PRESS, Probleme der Sozial- und Verfassungsgeschichte des Heiligen Römischen Reiches im späten Mittelalter und in der frühen Neuzeit (13.-18. Jahrhundert), in: ZHF 2 (1975), 95–108.

169. R. A. MÜLLER, Heiliges Römisches Reich Deutscher Nation. Anspruch und Bedeutung des Reichstitels in der Frühen Neuzeit. Regensburg 1990.

170. H. NEUHAUS, Das Ende des Alten Reiches, in: Das Ende von Großreichen. Hrsg. v. H. ALTRICHTER/H. NEUHAUS. Erlangen/Jena 1996, 185–209.

171. H. NEUHAUS, Hie Österreichisch – hier Fritzisch. Die Wende der 1740er Jahre in der Geschichte des Alten Reiches, in: Aufbruch aus dem Ancien régime. Beiträge zur Geschichte des 18. Jahrhunderts. Hrsg. v. H. NEUHAUS. Köln/Weimar/Wien 1993, 57–77.

172. H. NEUHAUS, The Federal Principle and the Holy Roman Empire, in: German and American Constitutional Thought. Hrsg. v. H. WELLENREUTHER. New York/Oxford/München 1990, 27–49.

173. H. Neuhaus, Das Heilige Römische Reich Deutscher Nation am Ende des Dreißigjährigen Krieges (1648–1654), in: Nachkriegszeiten – Die Stunde 0 als Realität und Mythos in der deutschen Geschichte. Hrsg. v. S. Krimm/W. Zirbs. München 1996, 10–33.

174. G. Oestreich, Geist und Gestalt des frühmodernen Staates. Ausgewählte Aufsätze. Berlin 1969.

175. G. Oestreich, Strukturprobleme der frühen Neuzeit. Ausgewählte Aufsätze. Hrsg. v. B. Oestreich. Berlin 1980.

176. G. Oestreich, Vom Herrschaftsvertrag zur Verfassungsurkunde. Die „Regierungsformen" des 17. Jahrhunderts als konstitutionelle Instrumente, in: Nr. 188, 45–67.

177. Politics and Society in the Holy Roman Empire 1500–1806 (=JModH, Vol. 58, Supplementum). Chicago 1986.

178. V. Press, Altes Reich und Deutscher Bund. Kontinuität in der Diskontinuität. München 1995.

179. V. Press, Das Ende des Alten Reiches und die deutsche Nation, in: Kleist-Jahrbuch 1993. Stuttgart/Weimar 1993, 31–55.

180. V. Press, The Holy Roman Empire in German History, in. E. I. Kouri/T. Scott (Ed.), Politics and Society in Reformation Europe. Essays for Sir Geoffrey Elton on his Sixty-Fifth Birthday. London 1987, 51–77.

181. V. Press, Das Römisch-deutsche Reich – ein politisches System in verfassungs- und sozialgeschichtlicher Fragestellung, in: Spezialforschung und „Gesamtgeschichte". Hrsg. v. G. Klingenstein/H. Lutz. München 1981, 221–242.

182. A. Randelzhofer, Völkerrechtliche Aspekte des Heiligen Römischen Reiches nach 1648. Berlin 1967.

183. B. Roeck, Reichssystem und Reichsherkommen. Die Diskussion über die Staatlichkeit des Reiches in der politischen Publizistik des 17. und 18. Jahrhunderts. Stuttgart 1984.

184. C. Roll (Hrsg.), Recht und Reich im Zeitalter der Reformation. Festschrift für Horst Rabe. Frankfurt a. M. [u. a.] 1996.

185. F. H. Schubert, Volkssouveränität und Heiliges Römisches Reich, in: HZ 213 (1971), 91–122.

186. W. Schulze, „Von den großen Anfängen des neuen Welttheaters". Entwicklungen, neuere Ansätze und Aufgaben der Frühneuzeitforschung, in: GWU 44 (1993), 3–18.

187. S. Skalweit, Der Beginn der Neuzeit. Epochengrenze und Epochenbegriff. Darmstadt 1982.

188. R. Vierhaus (Hrsg.), Herrschaftsverträge, Wahlkapitulationen, Fundamentalgesetze. Göttingen 1977.

189. R. VIERHAUS (Hrsg.), Frühe Neuzeit – Frühe Moderne? Forschungen zur Vielschichtigkeit von Übergangsprozessen. Göttingen 1992.

190. R. VIERHAUS, Land, Staat und Reich in der politischen Vorstellungswelt deutscher Landstände im 18. Jahrhundert, in: HZ 223 (1976), 40–60.

191. R. VIERHAUS, Vom Nutzen und Nachteil des Begriffs „Frühe Neuzeit". Fragen und Thesen, in: Nr. 189, 13–25.

192. H. WEBER (Hrsg.), Politische Ordnungen und soziale Kräfte im Alten Reich. Wiesbaden 1980.

2. Handbücher und übergreifende Darstellungen

193. H. ANGERMEIER, Die Reichsreform 1410–1555. München 1984.

194. H. ANGERMEIER, Reichsreform und Reformation, in: HZ 235 (1982), 529–604.

195. K. O. VON ARETIN, Das Reich. Stuttgart 1986.

196. K. O. VON ARETIN, Das Alte Reich 1648–1806. Bd. 1: Föderalistische oder hierarchische Ordnung (1648–1684). Stuttgart 1993.

197. K. O. FREIHERR VON ARETIN, Heiliges Römisches Reich 1776–1806. Reichsverfassung und Staatssouveränität. Teil 1: Darstellung. Wiesbaden 1967.

198. H. BOLDT, Deutsche Verfassungsgeschichte. Bd. 1: Von den Anfängen bis zum Ende des älteren deutschen Reiches 1806. München 1984.

199. H. BOOCKMANN, Stauferzeit und spätes Mittelalter. Deutschland 1125–1517. Berlin 1987.

200. C. BORNHAK, Deutsche Verfassungsgeschichte vom Westfälischen Frieden an. Stuttgart 1934.

201. E. BUSSI, Il diritto publico del sacro Romano Impero alla fine del XVIII secolo. 2 Bde. Padova/Milano 1957–1959.

202. H. CONRAD, Deutsche Rechtsgeschichte. Bd. 2: Neuzeit bis 1806. Karlsruhe 1966.

203. F. DICKMANN, Der Westfälische Frieden. 5. Aufl. Münster 1985.

204. H. DUCHHARDT, Altes Reich und europäische Staatenwelt 1648–1806. München 1990.

205. H. DUCHHARDT, Deutsche Verfassungsgeschichte 1495–1806. Stuttgart/Berlin/Köln 1991.

206. B. ERDMANNSDÖRFFER, Deutsche Geschichte vom Westfälischen

Frieden bis zum Regierungsantritt Friedrichs des Großen 1648–1740. 2 Bde. Meersburg/Naunhof/Leipzig 1932.

207. B. GEBHARDT, Handbuch der Deutschen Geschichte. Bd. 2. 9. Aufl. Hrsg. v. H. GRUNDMANN. Stuttgart 1970.

208. J. G. GAGLIARDO, Reich and Nation. The Holy Roman Empire as Idea and Reality, 1763–1806. Bloomington/London 1980.

209. F. HARTUNG, Deutsche Verfassungsgeschichte vom 15. Jahrhundert bis zur Gegenwart, 9. Aufl. Stuttgart 1969.

210. A. KOHLER, Das Reich im Kampf um die Hegemonie in Europa 1521–1648. München 1990.

211. K.-F. KRIEGER, König, Reich und Reichsreform im Spätmittelalter. München 1992.

212. H. LUTZ, Christianitas afflicta. Europa, das Reich und die päpstliche Politik im Niedergang der Hegemonie Kaiser Karls V. (1552–1556). Göttingen 1964.

213. H. LUTZ, Reformation und Gegenreformation. 3. Aufl. durchgesehen und ergänzt v. A. KOHLER. München 1991.

214. H. LUTZ (Hrsg.), Das römisch-deutsche Reich im politischen System Karls V. München/Wien 1982.

215. H. LUTZ, Das Ringen um deutsche Einheit und kirchliche Erneuerung. Von Maximilian I. bis zum Westfälischen Frieden 1490 bis 1648. Berlin 1983.

216. C.-F. MENGER, Deutsche Verfassungsgeschichte der Neuzeit. 3. Aufl. Heidelberg/Karlsruhe 1981.

217. P. MORAW, Von offener Verfassung zu gestalteter Verdichtung. Das Reich im späten Mittelalter 1250 bis 1490. Berlin 1985.

218. H. MÖLLER, Fürstenstaat oder Bürgernation. Deutschland 1763–1815. Berlin 1989. 3. durchges. Aufl. 1994.

219. G. OESTREICH, Verfassungsgeschichte vom Ende des Mittelalters bis zum Ende des alten Reiches. 7. Aufl. München 1990 (zuerst in: Nr. 207, 360–436).

220. V. PRESS (Hrsg.), Alternativen zur Reichsverfassung in der Frühen Neuzeit? Nach dem Tode des Herausgebers bearb. v. D. STIEVERMANN. München 1995.

221. V. PRESS, Kriege und Krisen. Deutschland 1600–1715. München 1991.

222. J. S. PÜTTER, Anleitung zum deutschen Staatsrechte. Aus dem Lateinischen v. K. A. GRAF VON HOHENTHAL, mit Anmerkungen v. F. W. GRIMM. 2 Teile. Bayreuth 1791–1792.

223. J. S. PÜTTER, Kurzer Begriff des Teutschen Staatsrechts. Göttingen 1764. 2. Aufl. 1768.

224. J. S. PÜTTER, Historische Entwickelung der heutigen Staatsverfassung des Teutschen Reichs. 3 Teile. Göttingen 1786–1787. 3. Aufl. 1798.

225. H. RABE, Deutsche Geschichte 1500–1600. Das Jahrhundert der Glaubensspaltung. München 1991.

226. H. RABE, Reich und Glaubensspaltung. Deutschland 1500–1600. München 1989.

227. L. VON RANKE, Deutsche Geschichte im Zeitalter der Reformation. 6 Bde. Hrsg. v. P. JOACHIMSEN. München 1925/1926.

228. K. REPGEN, Papst, Kaiser und Reich 1521–1644. 2 Teile. Tübingen 1962–1965.

229. M. RITTER, Deutsche Geschichte im Zeitalter der Gegenreformation und des Dreißigjährigen Krieges (1555–1648). 3 Bde. Stuttgart 1889–1909.

230. H. SCHILLING, Aufbruch und Krise. Deutschland 1517–1648. Berlin 1988.

231. H. SCHILLING, Höfe und Allianzen. Deutschland 1648–1763. Berlin 1989.

232. E. SCHUBERT, König und Reich. Studien zur spätmittelalterlichen deutschen Verfassungsgeschichte, Göttingen 1979.

233. W. SCHULZE, Deutsche Geschichte im 16. Jahrhundert 1500–1618. Frankfurt a.M. 1987.

234. J. J. SHEEHAN, Der Ausklang des alten Reiches. Deutschland seit dem Ende des Siebenjährigen Krieges bis zur gescheiterten Revolution 1763 bis 1850. Frankfurt a. M./Berlin 1994.

235. H. VON TREITSCHKE, Deutsche Geschichte im Neunzehnten Jahrhundert. Erster Teil. Leipzig 1927.

236. Deutsche Verwaltungsgeschichte. Bd. 1: Vom Spätmittelalter bis zum Ende des Reiches. Hrsg. v. K. G. A. JESERICH/H. POHL/G.-CHR. V. UNRUH. Stuttgart 1983.

237. R. VIERHAUS, Staaten und Stände. Vom Westfälischen bis zum Hubertusburger Frieden 1648 bis 1763. Berlin 1984.

238. D. WILLOWEIT, Reichsreform als Verfassungskrise, in: Der Staat 26 (1987), 270–278.

239. D. WILLOWEIT, Deutsche Verfassungsgeschichte. 2. Aufl. München 1992.

3. Römisches König- und Kaisertum
in der Frühen Neuzeit

240. K. O. VON ARETIN, Kaiser Joseph I. zwischen Kaisertradition und österreichischer Großmachtpolitik, in: HZ 215 (1972), 529–606.

241. A. H. BENNA, Preces Primariae und Reichshofkanzlei (1559–1806), in. MÖStA 5 (1952), 87–102.

242. H. J. BERBIG, Kaisertum und Reichsstadt. Eine Studie zum dynastischen Patriotismus der Reichsstädte nach dem Westfälischen Frieden bis zum Untergang des Reiches, in: MVG Nürnb 58 (1971), 211–286.

243. H. J. BERBIG, Der Krönungsritus im Alten Reich (1648–1806), in: ZBLG 38 (1975), 639–700.

244. F. BOSBACH, Papsttum und Universalmonarchie im Zeitalter der Reformation, in: HJB 107 (1987), 44–76.

245. K. BRANDI, Kaiser Karl V. Werden und Schicksal einer Persönlichkeit und eines Weltreiches. 2 Bde. München 1937/1941.

246. F. B. VON BUCHOLTZ (Hrsg.), Geschichte der Regierung Ferdinand des Ersten. 9 Bde. Wien 1831–1838. Neudruck Graz 1971.

247. A. BUSCHMANN, Kaiser und Reichsverfassung. Zur verfassungsrechtlichen Stellung des Kaisers am Ende des 18. Jahrhunderts, in: Nr. 141, 41–66.

248. G. CHRIST, Praesentia Regis. Kaiserliche Diplomatie und Reichskirchenpolitik vornehmlich am Beispiel der Entwicklung des Zeremoniells für die kaiserlichen Wahlgesandten in Würzburg und Bamberg. Wiesbaden 1975.

249. H. CONRAD, Verfassung und politische Lage des Reiches in einer Denkschrift Josephs II. von 1767/68, in: L. CARLEN/F. STEINEGGER (Hrsg.), Festschrift Nikolaus Grass zum 60. Geburtstag. Bd. 1. München 1974, 161–185.

250. W. DOTZAUER, Die Ausformung der frühneuzeitlichen deutschen Thronerhebung. Stellenwert, Handlung und Zeremoniell unter dem Einfluß von Säkularisation und Reformation, in: AKG 68 (1986), 25–80.

251. W. DOTZAUER, Die Entstehung der frühneuzeitlichen Thronerhebung, in: Nr. 252, 1–20.

252. H. DUCHHARDT (Hrsg.), Herrscherweihe und Königskrönung im frühneuzeitlichen Europa. Wiesbaden 1983.

253. H. DUCHHARDT, Et Germani eligunt et Germanus eligendus. Die

Zulassung ausländischer Fürsten zum Kaiseramt im Jus Publicum des 17./18. Jahrhunderts, in: ZRG GA 97 (1980), 232–253.

254. H. Duchhardt, Protestantisches Kaisertum und Altes Reich. Wiesbaden 1977.

255. J. Eckert, Johann Stephan Pütters Gutachten über die Erneuerung der kaiserlichen Wahlkapitulation, in: Nr. 141, 67–91.

256. F. Edelmayer, Kaisertum und Casa de Austria. Von Maximilian I. zu Maximilian II., in: A. Kohler/F. Edelmayer (Hrsg.), Hispania – Austria. Die Katholischen Könige, Maximilian I. und die Anfänge der Casa de Austria in Spanien. Wien/München 1993, 157–170.

257. H.-M. Empell, De eligendo regis vivente imperatore. Die Regelung in der Beständigen Wahlkapitulation und ihre Interpretation in der Staatsrechtsliteratur des 18. Jahrhunderts, in: ZNR 16 (1994), 11–24.

258. H. E. Feine, Papst, Erste Bitten und Regierungsantritt des Kaisers seit dem Ausgang des Mittelalters, in: ZRG KA 51 (1931), 1–101.

259. M. Göhring, Kaiserwahl und Rheinbund von 1658, in: M. Göhring/A. Scharff (Hrsg.), Geschichtliche Kräfte und Entscheidungen. Wiesbaden 1954, 65–83.

260. E. Gotthardt, Die Kaiserwahl Karls VII. Ein Beitrag zur Reichsgeschichte während des Interregnums 1740–1742. Frankfurt a. M./Bern/New York 1986.

261. N. Hammerstein, Karl VII. und Frankfurt a. M., in: Archiv für Frankfurts Geschichte und Kunst 57 (1980), 19–49.

262. P. C. Hartmann, Karl Albrecht – Karl VII. Glücklicher Kurfürst. Unglücklicher Kaiser. Regensburg 1985.

263. F. Hartung, Die Wahlkapitulationen der deutschen Kaiser und Könige, in: HZ 107 (1911), 306–344.

264. C. Hattenhauer, Wahl und Krönung Franz II. AD 1792. Das Heilige Reich krönt seinen letzten Kaiser – Das Tagebuch des Reichsquartiermeisters Hieronymus Gottfried von Müller und Anlagen. Frankfurt a. M. [u. a.] 1995.

265. G. Haug-Moritz, Kaisertum und Parität. Reichspolitik und Konfessionen nach dem Westfälischen Frieden, in: ZHF 19 (1992), 445–482.

266. F. J. Heyen, Die kaiserlichen Ersten Bitten für Stifte des Erzbistums Trier von Ferdinand I. bis Franz II. (1531–1792), in: Festschrift für Alois Thomas. Trier 1967, 175–188.

267. C. W. Ingrao, In Quest and Crisis: Emperor Joseph I and the

Habsburg Monarchy. West Lafayette (IN) 1979 (deutsch: Josef I., der vergessene Kaiser. Graz/Wien/Köln 1982).

268. F. G. IWAND, Die Wahlkapitulationen des 17. und 18. Jahrhunderts. Biberach 1919.

269. G. KLEINHEYER, Die Abdankung des Kaisers, in: G. KÖBLER (Hrsg.), Wege europäischer Rechtsgeschichte. Karl Kroeschell zum 60. Geburtstag dargelegt von Freunden, Schülern und Kollegen. Frankfurt a.M. [u.a.] 1988, 124–144.

270. G. KLEINHEYER, Die kaiserlichen Wahlkapitulationen. Karlsruhe 1968.

271. R. KOCH/P. STAHL (Hrsg.), Wahl und Krönung in Frankfurt am Main. Kaiser Karl VII. 1742–1745. 2 Bde. Frankfurt a.M. 1986.

272. A. KOHLER, Antihabsburgische Politik in der Epoche Karls V. Die reichsständische Opposition gegen die Wahl Ferdinands I. zum Römischen König und gegen die Anerkennung seines Königtums (1524–1534). Göttingen 1982.

273. A. KOHLER, Die Kaiserwahl von 1792: Erwartungen und Reaktionen im Reich, in: Nr. 141, 29–40.

274. E. LAUBACH, Karl V., Ferdinand I. und die Nachfolge im Reich, in: MÖStA 29 (1976), 1–51.

275. J. LEEB, Das Reichstagsgeschehen von 1559 und die Problematik der Kaiserwahl Ferdinands I., in: Nr. 473, 236–256.

276. K. MÜLLER, Das kaiserliche Gesandtschaftswesen im Jahrhundert nach dem Westfälischen Frieden (1648–1740). Bonn 1976.

277. H. NEUHAUS, Von Karl V. zu Ferdinand I. Herrschaftsübergang im Heiligen Römischen Reich 1555–1558, in: Nr. 184, 417–440.

278. G. OESTREICH, Die verfassungspolitische Situation der Monarchie in Deutschland vom 16. bis 18. Jahrhundert, in: Nr. 174, 253–276.

279. E. PICK, Die Bemühungen der Stände um eine Beständige Wahlkapitulation und ihr Ergebnis 1711. Diss. jur. Mainz 1969.

280. J. PRATJE, Die kaiserlichen Reservatrechte – Jura caesarea reservata. Diss. jur. Erlangen 1957.

281. V. PRESS, Die Bundespläne Kaiser Karls V. und die Reichsverfassung, in: Nr. 214, 55–106.

282. V. PRESS, Das Wittelsbachische Kaisertum Karls VII. Voraussetzungen von Entstehung und Scheitern, in: A. KRAUS (Hrsg.), Land und Reich, Stamm und Nation (Festgabe für Max Spindler). Bd. 2. München 1984, 201–234.

283. V. PRESS, The Imperial Court of the Habsburgs. From Maximilian I to Ferdinand III, 1493–1657, in: R. G. ASCH/A. M. BIRKE (Ed.),

Princes, Patronage, and the Nobility. The Court at the Beginning of the Modern Age c. 1450–1650.

284. V. PRESS, Österreichische Großmachtbildung und Reichsverfassung. Zur kaiserlichen Stellung nach 1648, in: MIÖG 98 (1990), 131–154.

285. V. PRESS, The Habsburg Court as Center of the Imperial Government, in: Nr. 177, S523–S545.

286. V. PRESS, Josef I. (1705–1711) , Kaiserpolitik zwischen Erblanden, Reich und Dynastie, in: R. MELVILLE [u. a.] (Hrsg.), Deutschland und Europa in der Neuzeit. Festschrift für Karl Otmar Freiherr von Aretin zum 65. Geburtstag. Stuttgart 1988, 277–297.

287. V. PRESS, Der Kaiser, das Reich und die Reformation, in: K. LÖCHER (Hrsg.), Martin Luther und die Reformation in Deutschland. Vorträge zur Ausstellung im Germanischen Nationalmuseum Nürnberg 1983. Nürnberg 1988, 61–94.

288. V. PRESS, Kaiser Joseph II. – Reformer oder Despot?, in: G. VOGLER (Hrsg.), Europäische Herrscher. Weimar 1988, 275–299.

289. V. PRESS, Die kaiserliche Stellung im Reich zwischen 1648 und 1740 – Versuch einer Neubewertung, in: Nr. 405, 51–80.

290. H. REUTER-PETTENBERG, Bedeutungswandel der Römischen Königskrönung in der Neuzeit. Köln 1963.

291. G. ROELLECKE, Das Ende des römisch-deutschen Kaisertums und der Wandel der europäischen Gesellschaft, in: Nr. 141, 93–109.

292. K. RUPPERT, Die kaiserliche Politik auf dem Westfälischen Friedenskongreß (1643–1648). Münster 1979.

293. G. SCHEEL, Die Stellung der Reichsstände zur Römischen Königswahl seit den Westfälischen Friedensverhandlungen, in: Forschungen zu Staat und Verfassung. Festschrift für Fritz Hartung. Berlin 1958, 113–132.

294. A. SCHINDLING/W. ZIEGLER (Hrsg.), Die Kaiser der Neuzeit 1519–1918. München 1990.

295. A. SCHMID, Bayern und die Kaiserwahl des Jahres 1745, in: P. FRIED/W. ZIEGLER (Hrsg.), Festschrift für Andreas Kraus zum 60. Geburtstag. Kallmünz 1982, 257–276.

296. A. SCHMID, Franz I. Stephan von Habsburg-Lothringen (1745–1765), der unbekannte Kaiser. Regensburg 1991.

297. F. SEIBT, Karl V. Der Kaiser und die Reformation. Berlin 1990.

298. J. P. SPIELMAN, Leopold I of Austria. New Brunswick (N.J.) 1977 (deutsch: Leopold der Erste. Zur Macht nicht geboren. Graz 1981).

299. B. SUTTER, Ferdinand I. (1503–1564). Der Versuch einer Würdigung, in: Nr. 246, Bd. 1, 1*–266*.
300. P. SUTTER FICHTNER, Ferdinand I of Austria: The Politics of Dynasticism in the Age of the Reformation. New York 1982 (deutsch: Ferdinand I. Wider Türken und Glaubensspaltung. Graz/Wien/ Köln 1986).
301. C. THOMAS, „Moderación del Poder". Zur Entstehung der geheimen Vollmacht für Ferdinand I. 1531, in: MÖStA 27 (1974) 101–140.
302. H. VOLTELINI, Eine Denkschrift des Grafen Johann Anton Pergen über die Bedeutung der römischen Kaiserkrone für das Haus Österreich, in: Gesamtdeutsche Vergangenheit. München 1938, 152–168.
303. F. WAGNER, Kaiser Karl VII. und die großen Mächte 1740–1745. Stuttgart 1938.
304. H. WIESFLECKER, Kaiser Maximilian I. Das Reich, Österreich und Europa an der Wende zur Neuzeit. 5 Bde. München 1971–1986.
305. A. WANDRUSZKA, Leopold II. Erzherzog von Österreich, Großherzog von Toskana, König von Ungarn und Böhmen, Römischer Kaiser. 2 Bde. Wien/München 1963/1965.
306. B. H. WANGER, Kaiserwahl und Krönung im Frankfurt des 17. Jahrhunderts. Darstellung anhand der zeitgenössischen Bild- und Schriftquellen und unter besonderer Berücksichtigung der Erhebung des Jahres 1612. Frankfurt a.M. 1994.
307. W. ZIEGLER, Kaiser Franz II. (I.). Person und Wirkung, in: Nr. 141, 9–27.

4. Reichsstände und Reichsunmittelbare

308. K. O. FREIHERR VON ARETIN, Die Lehensordnungen in Italien im 16. und 17. Jahrhundert und ihre Auswirkungen auf die europäische Politik, in: Nr. 192, 53–84.
309. J. ARNDT, Die Grafschaft Lippe und die Institutionen des Heiligen Römischen Reiches im 17. und 18. Jahrhundert, in: ZHF 18 (1991), 149–176.
310. J. ARNDT, Das niederrheinisch-westfälische Reichsgrafenkollegium und seine Mitglieder (1653–1806). Mainz 1991.
311. J. ARNDT, Politische Repräsentation und interne Willensbildung im niederrheinisch-westfälischen Reichsgrafenkollegium. Das

Direktorium und seine Inhaber von der Zulassung der Reichstags-
stimme 1653 bis zur Auflösung des Reiches, in: Nr. 405, 111–129.

312. H. J. BECKER, Die Reichskirche um 1800, in: Nr. 141, 147–159.

313. H.-W. BERGERHAUSEN, Die Stadt Köln und die Reichsversammlungen im konfessionellen Zeitalter. Ein Beitrag zur korporativen
reichsständischen Politik 1555–1616. Köln 1990.

314. E. BOCK, Der Schwäbische Bund und seine Verfassungen (1488–
1534). Ein Beitrag zur Geschichte der Zeit der Reichsreform.
Breslau 1927.

315. E.-W. BÖCKENFÖRDE, Der Westfälische Frieden und das Bündnisrecht der Reichsstände, in: Der Staat 8 (1969), 449–478.

316. E. BÖHME, Das Kollegium der Schwäbischen Reichsprälaten im
16. und 17. Jahrhundert. Untersuchungen zur korporativen Verfassung und Organisation mindermächtiger geistlicher Reichsstände, in: Rottenburger Jahrbuch für Kirchengeschichte 6
(1987), 267–300.

317. E. BÖHME, Das fränkische Reichsgrafenkollegium im 16. und
17. Jahrhundert. Untersuchungen zu den Möglichkeiten und
Grenzen der korporativen Politik mindermächtiger Reichsstände.
Stuttgart 1989.

318. M. BRECHT, Die gemeinsame Politik der Reichsstädte und die Reformation, in: ZRG KA 94 (1977), 180–263.

319. G. BUCHSTAB, Reichsstädte, Städtekurie und Westfälischer Friedenskongreß. Zusammenhänge von Sozialstruktur, Rechtsstatus
und Wirtschaftskraft. Münster 1976.

320. H. CARL, Der Schwäbische Bund und das Reich – Konkurrenz
und Symbiose, in: Nr. 220, 43–63.

321. U. CRÄMER, Carl August von Weimar und der Deutsche Fürstenbund 1783–1790. Wiesbaden 1961.

322. K. P. DECKER, Frankreich und die Reichsstände 1672–1675. Die
Ansätze zur Bildung einer „Dritten Partei" in den Anfangsjahren
des Holländischen Krieges. Bonn 1981.

323. H. DUCHHARDT, Reichsritterschaft und Reichskammergericht, in:
ZHF 5 (1978), 315–337.

324. F. EDELMAYER, Maximilian II., Philipp II. und Reichsitalien. Die
Auseinandersetzungen um das Reichslehen Finale in Ligurien.
Stuttgart 1988.

325. R. ENDRES, Der Landsberger Bund (1556–1598), in: P. FRIED/W.
ZIEGLER (Hrsg.), Festschrift für Andreas Kraus zum 60. Geburtstag. Kallmünz 1982, 197–212.

326. F. VON ESEBECK, Die Begründung der hannoverschen Kurwürde. Diss. phil. Bonn 1935.

327. E. FABIAN, Die Entstehung des Schmalkaldischen Bundes und seiner Verfassung 1524/29 – 1531/35. Brück, Philipp von Hessen und Jakob Sturm. 2. Aufl. Tübingen 1962.

328. H. E. FEINE, Die Besetzung der Reichsbistümer vom Westfälischen Frieden bis zur Säkularisation 1648–1803. Stuttgart 1921.

329. H.-R. FELLER, Die Bedeutung des Reiches und seiner Verfassung für die mittelbaren Untertanen und die Landstände im Jahrhundert nach dem Westfälischen Frieden. Diss. phil. Marburg/Lahn 1953.

330. K. F. VON FRANK, Standeserhebungen und Gnadenakte für das Deutsche Reich und die Österreichischen Erblande bis 1806 [...]. 5 Bde. Schloß Senftenegg 1967–1974.

331. F. FRENSDORFF, Das Reich und die Hansestädte, in: ZRG GA 20 (1899), 115–163.

332. K. GERTEIS, Die deutschen Städte in der Frühen Neuzeit. Zur Vorgeschichte der ,bürgerlichen Welt'. Darmstadt 1986.

333. R. GLAWISCHNIG, Die Bündnispolitik des Wetterauer Grafenvereins (1565–1583), in: NassAnn 83 (1972), 78–98.

334. R. GLAWISCHNIG, Niederlande, Kalvinismus und Reichsgrafenstand 1559–1584. Nassau-Dillenburg unter Graf Johann VI. Marburg/Lahn 1973.

335. F. GÖTTMANN, Götz von Berlichingen – überlebter Strauchritter oder moderner Raubunternehmer?, in: JbFränkLF 46 (1986), 83–98.

336. F. GÖTTMANN, Zur Entstehung des Landsberger Bundes im Kontext der Reichs-, Verfassungs- und regionalen Territorialpolitik des 16. Jahrhunderts, in: ZHF 19 (1992), 415–444.

337. A. GOTTHARD, „Als furnembsten Gliedern des Heiligen Reichs". Überlegungen zur Rolle der rheinischen Kurfürstengruppe in der Reichspolitik des 16. Jahrhunderts, in: RhVjbll 59 (1995), 31–78.

338. A. GOTTHARD, „Macht hab ehr, einen bischof abzusezen". Neue Überlegungen zum Kölner Krieg, in: ZRG KA 82 (1996), 270–325.

339. A. GOTTHARD, Protestantische „Union" und Katholische „Liga" – Subsidiäre Strukturelemente oder Alternativentwürfe?, in: Nr. 220, 81–112.

340. F. HARTUNG, Karl V. und die deutschen Reichsstände von 1546–1555. Halle 1910.

341. F. HARTUNG, Zum Traktat über den Reichstag im 16. Jahrhundert, in: MIÖG 29 (1908), 326–338.

342. L. HATZFELD, Zur Geschichte des Reichsgrafenstandes, in: Nass Ann 70 (1959), 41–54.

343. G. HAUG-MORITZ, Württembergischer Ständekonflikt und deutscher Dualismus. Ein Beitrag zur Geschichte des Reichsverbands in der Mitte des 18. Jahrhunderts. Stuttgart 1992.

344. G. HAUG-MORITZ, Corpus Evangelicorum und deutscher Dualismus, in: Nr. 220, 189–207.

345. M. HECKEL, Itio in partes. Zur Religionsverfassung des Heiligen Römischen Reichs Deutscher Nation, in: ZRG KA 64 (1978), 180–308.

346. P. HERSCHE, Die deutschen Domkapitel im 17. und 18. Jahrhundert. Bde. 1–3. Bern 1984.

347. P. HOFFMANN, Die bildlichen Darstellungen des Kurfürstenkollegiums von den Anfängen bis zum Ende des Hl. Römischen Reiches (13.–18. Jahrhundert). Bonn 1982.

348. HUGO, Verzeichniß der freien Reichsdörfer in Deutschland, in: Zeitschrift für Archivkunde, Diplomatik und Geschichte 2 (1836), 446–476.

349. E. KELL, Die Frankfurter Union (1803–1806). Eine Fürstenassoziation zur „verfassungsmäßigen Selbsterhaltung" der kleineren weltlichen Adelsherrschaften, in: ZHF 18 (1991), 71–97.

350. H. KESTING, Geschichte und Verfassung des Niedersächsisch-Westfälischen Reichsgrafenkollegiums, in: WestfZ 106 (1956), 175–246.

351. T. KLEIN, Die Erhebungen in den weltlichen Reichsfürstenstand 1550–1806, in: BlldtLG 122 (1986), 137–192.

352. G. KLEINHEYER, Kurverein und Kurkolleg, in: H. H. JAKOBS [u. a.] (Hrsg.), Festschrift für Werner Flume zum 70. Geburtstag. Köln 1978, 125–135.

353. A. KOHLER, Das Reich im Spannungsfeld des preußisch-österreichischen Gegensatzes. Die Fürstenbundbestrebungen 1783–1785, in: Fürst, Bürger, Mensch. Hrsg. v. F. ENGEL-JANOSI/G. KLINGENSTEIN/H. LUTZ. München 1975, 71–96.

354. G. KOLLMER, Die wirtschaftliche und soziale Lage der Reichsritterschaft im Ritterkanton Neckar-Schwarzwald 1648–1805, in: F. QUARTHAL (Hrsg.), Zwischen Schwarzwald und Schwäbischer Alb. Sigmaringen 1984, 285–301.

355. J. KRETZSCHMAR, Der Heilbronner Bund 1632–1635. 3 Bde. Lübeck 1922.

356. A. KULENKAMPFF, Kuriatstimme und Kollegialverfassung der Wetterauer Grafen von 1663–1806. Ein Beitrag zur Reichsge-

schichte aus der Sicht der mindermächtigen Stände, in: ZHF 20 (1993), 485–504.

357. W. KUNDERT, Reichsritterschaft und Reichskirche vornehmlich in Schwaben 1555–1803, in: F. QUARTHAL (Hrsg.), Zwischen Schwarzwald und Schwäbischer Alb. Sigmaringen 1984, 303–327.

358. A. LAUFS, Die Reichsstädte auf dem Regensburger Reichstag 1653/54, in: Zeitschrift für Stadtgeschichte, Stadtsoziologie und Denkmalspflege 1 (1974), 23–48.

359. A. LAUFS, Reichsstädte und Reichsreform, in: ZRG GA 84 (1967), 172–202.

360. F. MAGEN, Reichsgräfliche Politik in Franken. Zur Reichspolitik der Grafen von Hohenlohe am Vorabend und zu Beginn des Dreißigjährigen Krieges. Schwäbisch Hall 1975.

361. H. MAIER/V. PRESS (Hrsg.), Vorderösterreich in der frühen Neuzeit. Sigmaringen 1989.

362. F. NEUER-LANDFRIED. Die katholische Liga. Gründung, Neugründung und Organisation eines Sonderbundes 1608–1620. Kallmünz 1968.

363. M. NEUGEBAUER-WÖLK, Reichsstädtische Reichspolitik nach dem Westfälischen Frieden, in: ZHF 17 (1990), 27–47.

364. V. PRESS, Adel, Reich und Reformation, in: W. J. MOMMSEN (Hrsg.), Stadtbürgertum und Adel in der Reformation. Studien zur Sozialgeschichte der Reformation in England und Deutschland. Stuttgart 1979, 330–383.

365. V. PRESS, Adel im Reich um 1600, in: Wiener Beiträge zur Geschichte der Neuzeit 8 (1982), 15–47.

366. V. PRESS, Der württembergische Angriff auf die Reichsritterschaft 1749–1754 (1770), in: Zwischen Schwarzwald und Schwäbischer Alb. Sigmaringen 1984, 329–348.

367. V. PRESS, Bayern am Scheideweg. Die Reichspolitik Kaiser Josephs II. und der Bayerische Erbfolgekrieg 1777–1779, in: P. FRIED/W. ZIEGLER (Hrsg.), Festschrift für Andreas Kraus zum 60. Geburtstag. Kallmünz 1982, 277–307.

368. V. PRESS, Bayern, Österreich und das Reich in der frühen Neuzeit, in. VerhOPfalz 70 (1980), 493–519.

369. V. PRESS, Die Landschaft aller Grafen von Solms. Ein ständisches Experiment am Beginn des 17. Jahrhunderts, in: HessJbfLG 27 (1977), 37–106.

370. V. PRESS, Die Reichsstadt in der altständischen Gesellschaft, in: Nr. 160, 9–42.

371. V. PRESS, Franken und das Reich in der Frühen Neuzeit, in: JbFränkLF 52 (1992), 329–347.

372. V. PRESS, Götz von Berlichingen (ca. 1480–1562) – vom „Raubritter" zum Reichsritter, in: ZWLG 40 (1981), 305–326.

373. V. PRESS, Ellwangen, Fürststift im Reich des späten Mittelalters und der frühen Neuzeit, in: Ellwanger Jahrbuch 30 (1985), 7–30.

374. V. PRESS, Kaiser Karl V., König Ferdinand und die Entstehung der Reichsritterschaft. Wiesbaden 1976. 2. Aufl. Mainz 1980.

375. V. PRESS, Kaiser und Reichsritterschaft, in: R. ENDRES (Hrsg.), Adel in der Frühneuzeit. Ein regionaler Vergleich. Köln/Wien 1991, 163–194.

376. V. PRESS, Patronat und Klientel im Heiligen Römischen Reich, in: A. MACZAK (Hrsg.), Klientelsysteme im Europa der Frühen Neuzeit. München 1988, 19–46.

377. V. PRESS, Reichsgrafenstand und Reich. Zur Sozial- und Verfassungsgeschichte des deutschen Hochadels in der frühen Neuzeit, in: J. HEIDEKING/G. HUFNAGEL/F. KNIPPING (Hrsg.), Wege in die Zeitgeschichte. Festschrift zum 65. Geburtstag von Gerhard Schulz. Berlin/New York 1989, 3–29.

378. V. PRESS, Die Reichsritterschaft im Reich der frühen Neuzeit, in: Nass Ann 87 (1976), 101–122.

379. V. PRESS, Ein Ritter zwischen Rebellion und Reformation: Franz von Sickingen (1481–1523), in: Blätter für pfälzische Kirchengeschichte 50 (1983), 151–177.

380. V. PRESS, Die Ritterschaft im Kraichgau zwischen Reich und Territorium 1500–1623, in: ZGO 122 (1974), 35–98.

381. V. PRESS, Schwaben zwischen Bayern, Österreich und dem Reich 1486–1805, in: P. FRIED (Hrsg.), Probleme der Integration Ostschwabens in den bayerischen Staat. Sigmaringen 1982, 17–78.

382. V. PRESS, Die Territorialstruktur des Reiches und die Reformation, in: R. POSTEL/F. KOPITZSCH (Hrsg.), Reformation und Revolution. Beiträge zum politischen Wandel und den sozialen Kräften am Beginn der Neuzeit. Festschrift für Rainer Wohlfeil zum 60. Geburtstag. Stuttgart 1989, 239–268.

383. V. PRESS, Ulrich von Hutten. Reichsritter und Humanist 1488–1523, in: Nass Ann 85 (1974), 71–86.

384. V. PRESS, Vorderösterreich in der habsburgischen Reichspolitik des späten Mittelalters und der frühen Neuzeit, in: Nr. 361, 1–41.

385. V. PRESS, Wilhelm von Grumbach und die deutsche Adelskrise der 1560er Jahre, in: BlldtLG 113 (1977), 396–431.

386. V. PRESS, Zwischen Versailles und Wien. Die Pfälzer Kurfürsten

in der deutschen Geschichte der Barockzeit, in: ZGO 130 (1982), 207–262.

387. V. PRESS/D. WILLOWEIT (Hrsg.), Liechtenstein – Fürstliches Haus und staatliche Ordnung. Geschichtliche Grundlagen und moderne Perspektiven. Vaduz/München/Wien 1987. 2. Aufl. 1988.

388. L. VON RANKE, Die deutschen Mächte und der Fürstenbund. 2 Bde. Leipzig 1871/1872.

389. A. VON REDEN-DOHNA, Die schwäbischen Reichsprälaten und der Kaiser – das Beispiel der Laienpfründen, in: Nr. 192, 155–167.

390. A. VON REDEN-DOHNA, Reichsstandschaft und Klosterherrschaft. Die Schwäbischen Reichsprälaten im Zeitalter des Barock. Wiesbaden 1982.

391. A. VON REDEN-DOHNA, Zwischen Österreichischen Vorlanden und Reich: die Schwäbischen Reichsprälaten, in: Nr. 361, 75–91.

392. A. VON REDEN-DOHNA, Weingarten und die schwäbischen Reichsklöster, in: Nr. 398, Bd. 5, 232–254.

393. O. ROSE, Der Adel Deutschlands und seine Stellung im deutschen Reich und in dessen Einzelstaaten. Berlin 1883.

394. H. SCHILLING, Die Stadt in der Frühen Neuzeit. München 1993.

395. A. SCHINDLING, Kurbrandenburg im System des Reiches während der zweiten Hälfte des 17. Jahrhunderts. Eine Problemskizze, in: O. HAUSER (Hrsg.), Preußen, Europa und das Reich. Köln 1987, 33–46.

396. A. SCHINDLING, Reichskirche und Reformation. Zu Glaubensspaltung und Konfessionalisierung in den geistlichen Fürstentümern des Reiches, in: Nr. 160, 81–112.

397. A. SCHINDLING, Westfälischer Frieden und Altes Reich. Zur reichspolitischen Stellung Osnabrücks in der Frühen Neuzeit, in: Osnabrücker Mitteilungen 90 (1985), 97–120.

398. A. SCHINDLING/W. ZIEGLER (Hrsg.), Die Territorien des Reichs im Zeitalter der Reformation und Konfessionalisierung. Land und Konfession 1500–1650. 5 Bde. Münster 1989–1993.

399. H. SCHLIP, Die neuen Fürsten. Zur Erhebung in den Reichsfürstenstand und zur Aufnahme in den Reichsfürstenrat im 17. und 18. Jahrhundert, in: Nr. 387, 249–292.

400. G. SCHMIDT, Die Freien und Reichsstädte im Schmalkaldischen Bund, in: V. PRESS/D. STIEVERMANN (Hrsg.), Martin Luther. Probleme seiner Zeit. Stuttgart 1986, 177–218.

401. G. SCHMIDT, Die Haltung des Städtecorpus zur Reformation und die Nürnberger Bündnispolitik, in: ARG 75 (1984), 194–233.

402. G. Schmidt, Die politische Bedeutung der kleineren Reichsstände im 16. Jahrhundert, in: JbGFeud 12 (1989), 185–206.

403. G. Schmidt, Reichsstadt und Territorialstaat. Esslingen, Württemberg und das Städtecorpus um die Mitte des 16. Jahrhunderts, in: Esslinger Studien 21 (1982), 71–104.

404. G. Schmidt, Der napoleonische Rheinbund – ein erneuertes Altes Reich?, in: Nr. 220, 227–246.

405. G. Schmidt (Hrsg.), Stände und Gesellschaft im Alten Reich. Stuttgart 1989.

406. G. Schmidt, Städtecorpus und Grafenvereine, in: ZHF 10 (1983), 41–71.

407. G. Schmidt, Der Städtetag in der Reichsverfassung. Eine Untersuchung zur korporativen Politik der Freien und Reichsstädte in der ersten Hälfte des 16. Jahrhunderts. Wiesbaden 1984.

408. G. Schmidt, Städtetag, Städtehanse und frühneuzeitliche Reichsverfassung, in: M. Stolleis (Hrsg.), Recht, Verfassung und Verwaltung in der frühneuzeitlichen Stadt. Köln/Wien 1991, 41–61.

409. G. Schmidt, Der Wetterauer Grafenverein. Organisation und Politik einer Reichskorporation zwischen Reformation und Westfälischem Frieden. Marburg/Lahn 1989.

410. G. Schmidt, Die Wetterauer Kuriatstimme auf dem Reichstag, in: Nr. 405, 93–109.

411. R. Schnur, Der Rheinbund von 1658 in der deutschen Verfassungsgeschichte. Bonn 1955.

412. T. M. Schröder, Die Grafen von Hohenems im 16. und 17. Jahrhundert, in: Nr. 387, 163–188.

413. T. Schulz, Der Kanton Kocher der Schwäbischen Reichsritterschaft 1542–1805. Entstehung, Geschichte, Verfassung und Mitgliederstruktur eines korporativen Adelsverbandes im System des alten Reiches. Sigmaringen 1986.

414. W. Schulze, Das Haus Österreich auf den Reichstagen des späten sechzehnten Jahrhunderts, in: Österreich in Geschichte und Literatur 16 (1972), 121–131.

415. B. Sicken, Der Heidelberger Verein (1553–1556), in: ZWLG 32 (1973), 320–435.

416. D. Stievermann, Der Fürstenbund von 1785 und das Reich, in: Nr. 220, 209–226.

417. M. Stingl, Reichsfreiheit und Fürstendienst. Die Dienstbeziehungen der von Bibra 1500 bis 1806. Neustadt a.d.Aisch 1994.

418. W. Trossbach, Fürstenabsetzungen im 18. Jahrhundert, in: ZHF 13 (1986), 425–454.

419. A. WANDRUSZKA, Reichspatriotismus und Reichspolitik zur Zeit des Prager Friedens von 1635. Eine Studie zur Geschichte des deutschen Nationalbewußtseins. Köln/Graz 1955.
420. H. WOLF, Die Reichskirchenpolitik des Hauses Lothringen (1680–1715). Eine Habsburger Sekundogenitur im Reich? Stuttgart 1994.

5. Institutionen des Heiligen Römischen Reiches (1495–1806)

5.1. Reichsversammlungen

421. D. ALBRECHT, Der Regensburger Kurfürstentag 1630 und die Entlassung Wallensteins, in: Nr. 422, 88–108.
422. D. ALBRECHT (Hrsg.), Regensburg – Stadt der Reichstage. Vom Mittelalter zur Neuzeit. 2. Aufl. Regensburg 1994.
423. H. ANGERMEIER, Bayern und der Wormser Reichstag 1495, in: HZ 224 (1977), 580–614.
424. H. ANGERMEIER, Das Reichsregiment in der deutschen Geschichte, in: J. ARNDT (Bearb.), Das Wappenbuch des Reichsherolds Caspar Sturm. Neustadt an der Aisch 1984, 43–49.
425. H. ANGERMEIER, Die Reichsregimenter und ihre Staatsidee, in: HZ 211 (1970), 265–315.
426. H. ANGERMEIER, Der Wormser Reichstag 1495 – ein europäisches Ereignis, in: HZ 261 (1995), 739–768.
427. H. ANGERMEIER, Der Wormser Reichstag 1495 in der politischen Konzeption König Maximilians I., in: Nr. 214, 1–13.
428. H. ANGERMEIER/E. MEUTHEN (Hrsg.), Fortschritte in der Geschichtswissenschaft durch Reichstagsaktenforschung. Göttingen 1988.
429. J. ARNDT, Organisation und Besetzung des Reichsregiments unter Kaiser Karl V. (1521–1531), in: J. ARNDT (Bearb.), Das Wappenbuch des Reichsherolds Caspar Sturm. Neustadt an der Aisch 1984, 51–61.
430. R. AULINGER, Das Bild des Reichstages im 16. Jahrhundert. Beiträge zu einer typologischen Analyse schriftlicher und bildlicher Quellen. Göttingen 1980.
431. W. BECKER, Der Kurfürstenrat. Grundzüge seiner Entwicklung in der Reichsverfassung und seine Stellung auf dem Westfälischen Friedenskongreß. Münster 1973.

432. H.-W. BERGERHAUSEN, „Exclusis Westphalen et Burgundt". Zum Kampf um die Durchsetzung der Reichsmünzordnung von 1559, in: ZHF 20 (1993), 189–203.

433. A. BERNEY, Der Reichstag zu Regensburg (1702–1704), in: Historische Vierteljahrschrift 24 (1929), 389–442.

434. A. BIEDERBICK, Der Deutsche Reichstag zu Regensburg im Jahrzehnt nach dem Spanischen Erbfolgekrieg 1714–1724. Der Verlauf der Religionsstreitigkeiten und ihre Bedeutung für den Reichstag. Diss. phil. Bonn 1937.

435. K. BIERTHER, Der Regensburger Reichstag von 1640/1641. Kallmünz 1971.

436. F. BLAICH, Das zünftige Handwerk als Problem des Immerwährenden Reichstags, in: Nr. 422, 127–142.

437. F. BLAICH, Die Wirtschaftspolitik des Reichstags im Heiligen Römischen Reich. Ein Beitrag zur Problemgeschichte wirtschaftlichen Gestaltens. Stuttgart 1970.

438. I. BOG, Der Reichsmerkantilismus. Studien zur Wirtschaftspolitik des Heiligen Römischen Reiches im 17. und 18. Jahrhundert. Stuttgart 1959.

439. T. CHRISTMANN, Das Bemühen von Kaiser und Reich um die Vereinheitlichung des Münzwesens. Zugleich ein Beitrag zum Rechtsetzungsverfahren im Heiligen Römischen Reich nach dem Westfälischen Frieden. Berlin 1988.

440. W. DOMKE, Die Viril-Stimmen im Reichs-Fürstenrat von 1495 bis 1654. Breslau 1882.

441. E. ELTZ, Zwei Gutachten des Kurfürstenrates über die Wormser Matrikel und den Gemeinen Pfennig. Ein Beitrag zur Reichssteuerproblematik vom Reichstag in Speyer 1544, in: Nr. 470, 273–301.

442. W. FRIEDENSBURG, Der Reichstag zu Speier 1526 im Zusammenhang der politischen und kirchlichen Entwicklung Deutschlands im Reformationszeitalter. Berlin 1887.

443. W. FÜRNROHR, Gesandtennepotismus auf dem Immerwährenden Reichstag, in: Genealogie 13 (1976), 161–173.

444. W. FÜRNROHR, Der Immerwährende Reichstag – die Repräsentation des alten Reiches, in: GWU 15 (1964), 684–700.

445. W. FÜRNROHR, Der Immerwährende Reichstag zu Regensburg. Das Parlament des alten Reiches. Zur 300-Jahrfeier seiner Eröffnung 1663. 2. Aufl. Regensburg/Kallmünz 1987.

446. W. FÜRNROHR, Kurbaierns Gesandte auf dem Immerwährenden

Reichstag. Zur baierischen Außenpolitik 1663 bis 1806. Göttingen 1971.

447. W. FÜRNROHR, Die Vertreter des habsburgischen Kaisertums auf dem Immerwährenden Reichstag, in: VerhOPfalz 123 (1983), 71–139, 124 (1984), 99–148.

448. G. GRANIER, Der deutsche Reichstag während des spanischen Erbfolgekrieges (1700–1714). Diss. phil. Bonn 1954.

449. H. HAAN, Der Regensburger Kurfürstentag von 1636/37. München 1967.

450. K. HÄRTER, Reichstag und Revolution 1789–1806. Göttingen 1992.

451. P. C. HARTMANN, Der Reichstag in Frankfurt im Jahr 1742, in: J. SCHRÖDER (Hrsg.), Beiträge zu Kirche, Staat und Geistesleben. Festschrift für Günter Christ zum 65. Geburtstag am 20. März 1994. Stuttgart 1994, 159–168.

452. P.-J. HEINIG, Reichstag und Reichstagsakten am Ende des Mittelalters, in: ZHF 17 (1990), 419–428.

453. I. HÖSS, Der Reichstag zu Speyer 1529. Teilnehmer, Verhandlungspunkte, Ergebnisse, in: J. ARNDT (Bearb.), Das Wappenbuch des Reichsherolds Caspar Sturm. Neustadt an der Aisch 1984, 139–165.

454. E. ISERLOH (Hrsg.), Confessio Augustana und Confutatio. Der Augsburger Reichstag 1530 und die Einheit der Kirche. Münster 1980.

455. R. VON KIETZELL, Der Frankfurter Deputationstag von 1642–1645. Eine Untersuchung der staatsrechtlichen Bedeutung dieser Reichsversammlung, in: NassAnn 83 (1972), 99–119.

456. O. KIMMINICH, Der Regensburger Reichstag als Grundlage eines europäischen Friedensmodells, in: Nr. 422, 109–126.

457. A. KOHLER, Die Sicherung des Landfriedens im Reich. Das Ringen um eine Exekutionsordnung des Landfriedens 1554/55, in: MÖStA 24 (1971), 140–168.

458. A. KOHLER/H. LUTZ (Hrsg.), Alltag im 16. Jahrhundert. Studien zu Lebensformen in mitteleuropäischen Städten. Wien 1987.

459. J. KÜHN, Die Geschichte des Speyrer Reichstages 1529. Leipzig 1929.

460. J. KUNISCH, Das Nürnberger Reichsregiment und die Türkengefahr, in: HJB 93 (1973), 57–72.

461. M. LANZINNER, Der Aufstand der Niederlande und der Reichstag zu Speyer 1570, in: Nr. 428, 102–117.

462. M. LANZINNER, Die Denkschrift des Lazarus von Schwendi zur Reichspolitik (1570), in: Nr. 160, 141–185.

463. M. LANZINNER, Friedenssicherung und politische Einheit des Reiches unter Kaiser Maximilian II. (1564–1576). Göttingen 1993.

464. M. LANZINNER, Friedenssicherung und Zentralisierung der Reichsgewalt. Ein Reformversuch auf dem Reichstag zu Speyer 1570, in: ZHF 12 (1985), 287–310.

465. E. LAUBACH, Habsburgische Reichstagspolitik 1528/1529, in: MÖStA 40 (1987), 61–91.

466. A. P. LUTTENBERGER, Glaubenseinheit und Reichsfriede. Konzeptionen und Wege konfessionsneutraler Reichspolitik 1530–1552 (Kurpfalz, Jülich, Kurbrandenburg). Göttingen 1982.

467. A. LUTTENBERGER, Landfriedensbund und Reichsexekution. Erster Teil: Friedenssicherung und Bündnispolitik 1552/1553, in: MÖStA 35 (1982), 1–34; zweiter Teil: Zur politischen Vorgeschichte des Frankfurter Reichskreistages vom Oktober/November 1554, in: MÖStA 36 (1983), 1–30.

468. A. P. LUTTENBERGER, Reichspolitik und Reichstag unter Karl V.: Formen zentralen politischen Handelns, in: Nr. 470, 18–68.

469. H. LUTZ, Kaiser, Reich und Christenheit. Zur weltgeschichtlichen Würdigung des Augsburger Reichstags 1530, in: HZ 230 (1980), 57–88.

470. H. LUTZ/A. KOHLER (Hrsg.), Aus der Arbeit an den Reichstagen unter Kaiser Karl V. Göttingen 1986.

471. F. MEINECKE, Der Regensburger Reichstag und der Devolutionskrieg, in: HZ 60 (1888), 193–222.

472. F. MEISENBURG, Der deutsche Reichstag während des österreichischen Erbfolgekriegs (1740–1748). Diss. phil. Bonn 1931.

473. E. MEUTHEN (Hrsg.), Reichstage und Kirche. Göttingen 1991.

474. P. MORAW, Versuch über die Entstehung des Reichstags, in: Nr. 192, 1–36.

475. A. MÜLLER, Der Regensburger Reichstag von 1653/54. Eine Studie zur Entwicklung des Alten Reiches nach dem Westfälischen Frieden. Frankfurt a.M. [u. a.] 1992.

476. H. NEUHAUS, Der Augsburger Reichstag des Jahres 1530, in: ZHF 9 (1982), 167–211.

477. H. NEUHAUS, Ferdinands I. Reichstagsplan 1534/35, in: MÖStA 32 (1979), 24–47; 33 (1980), 22–57.

478. H. NEUHAUS, Das Reich und die Wiedertäufer von Münster, in: WestfZ 133 (1983), 9–36.

479. H. NEUHAUS, Reichstag und Supplikationsausschuß. Berlin 1977.

480. H. NEUHAUS, Reichsständische Repräsentationsformen im 16. Jahrhundert. Reichstag – Reichskreistag – Reichsdeputationstag. Berlin 1982.

481. H. NEUHAUS, Wandlungen der Reichstagsorganisation in der ersten Hälfte des 16. Jahrhunderts, in: Nr. 160, 113–140.

482. H. NEUHAUS, Zwänge und Entwicklungsmöglichkeiten reichsständischer Beratungsformen in der zweiten Hälfte des 16. Jahrhunderts, in: ZHF 10 (1983), 279–298.

483. T. NICKLAS, Um Macht und Einheit des Reiches. Konzeption und Wirklichkeit der Politik bei Lazarus von Schwendi (1522–1583). Husum 1995.

484. G. OESTREICH, Zur parlamentarischen Arbeitsweise der deutschen Reichstage unter Karl V. (1519–1556). Kuriensystem und Ausschußbildung, in: Nr. 175, 201–228.

485. L. PETRY, Zur Bedeutung von Worms als Reichstagsstadt, in: Nr. 491, 1–12.

486. M. PIENDL, Prinzipalkommissariat und Prinzipalkommissare am Immerwährenden Reichstag, in: Nr. 422, 167–184.

487. V. PRESS, Die Reformation und der deutsche Reichstag, in: H. BARTEL (Hrsg.), Martin Luther. Leistung und Erbe. Berlin (Ost) 1986, 202–215.

488. H. PROESLER, Das gesamtdeutsche Handwerk im Spiegel der Reichsgesetzgebung von 1530 bis 1806. Berlin 1954.

489. H. RABE, Reichsbund und Interim. Die Verfassungs- und Religionspolitik Karls V. und der Reichstag von Augsburg 1547/1548. Köln/Wien 1971.

490. O. REDLICH, Der Reichstag zu Nürnberg 1522/23. Leipzig 1887.

491. F. REUTER (Hrsg.), Der Reichstag zu Worms von 1521. Reichspolitik und Luthersache. Worms 1971.

492. C. ROLL, Das zweite Reichsregiment 1521–1530. Köln/Weimar/Wien 1996.

493. J. SCHICK, Der Reichstag zu Regensburg im Zeitalter des Baseler Friedens 1792–1795. Diss. phil. Bonn 1931.

494. A. SCHINDLING, Die Ausbildung des Immerwährenden Reichstags zu Regensburg, in: H. DICKERHOF (Hrsg.), Festgabe Heinz Hürten zum 60. Geburtstag. Frankfurt a. M. 1988, 301–315.

495. A. SCHINDLING, Die Anfänge des Immerwährenden Reichstags zu Regensburg. Ständevertretung und Staatskunst nach dem Westfälischen Frieden. Mainz 1991.

496. A. SCHINDLING, Reichstag und europäischer Frieden. Leopold I.,

Ludwig XIV. und die Reichsverfassung nach dem Frieden von Nimwegen (1679), in: ZHF 8 (1981), 159–177.

497. A. SCHINDLING, Reichstagsakten und Ständeforschung. Aus der Arbeit der Historischen Kommission bei der Bayerischen Akademie der Wissenschaften, in: GWU 24 (1973), 427–434.

498. A. SCHINDLING, Der Westfälische Frieden und der Reichstag, in: Nr. 192, 113–153.

499. K. SCHLAICH, Maioritas – protestatio – itio in partes – corpus Evangelicorum. Das Verfahren im Reichstag des Hl. Römischen Reichs Deutscher Nation nach der Reformation, in: ZRG KA 63 (1977), 264–299, 64 (1978), 139–179.

500. K. SCHLAICH, Die Mehrheitsabstimmung im Reichstag zwischen 1495 und 1613, in: ZHF 10 (1983), 299–340.

501. K. SCHLAICH, Die „protestatio" beim Reichstag in Speyer 1529 in verfassungsrechtlicher Sicht, in: Zeitschrift für evangelisches Kirchenrecht 25 (1980), 1–19.

502. P. SCHMID, Der Gemeine Pfennig von 1495. Vorgeschichte und Entstehung, verfassungsgeschichtliche, politische und finanzielle Bedeutung. Göttingen 1989.

503. P. SCHMID, Reichssteuern, Reichsfinanzen und Reichsgewalt in der ersten Hälfte des 16. Jahrhunderts, in: Nr. 132, 153–198.

504. M. SCHNETTGER, Der Reichsdeputationstag 1655–1663. Kaiser und Stände zwischen Westfälischem Frieden und Immerwährendem Reichstag. Münster 1996.

505. R. SCHNUR, Lazarus von Schwendi (1522–1583). Ein unerledigtes Thema der historischen Forschung, in: ZHF 14 (1987), 27–46.

506. F. H. SCHUBERT, Die deutschen Reichstage in der Staatslehre der Frühen Neuzeit. Göttingen 1966.

507. W. SCHULZE, Die Erträge der Reichssteuern zwischen 1576 und 1606, in: JbGMOD 27 (1978), 169–185.

508. W. SCHULZE, Das Haus Österreich auf den Reichstagen des späten sechzehnten Jahrhunderts, in: ÖGL 16 (1972), 121–131.

509. W. SCHULZE, Reich und Türkengefahr im späten 16. Jahrhundert. Studien zu den politischen und gesellschaftlichen Auswirkungen einer äußeren Bedrohung. München 1978.

510. W. SCHULZE, Reichstage und Reichssteuern im späten 16. Jahrhundert, in: ZHF 2 (1975), 43–58.

511. 1495 – Kaiser, Reich, Reformen: Der Reichstag zu Worms. Koblenz 1995.

512. H. WENKEBACH, Bestrebungen zur Erhaltung der Einheit des Hei-

ligen Römischen Reiches in den Reichsschlüssen von 1663 bis 1806. Aalen 1970.

513. A. WESTERMANN, Die Türkenhilfe und die politisch-kirchlichen Parteien auf dem Reichstag zu Regensburg 1532. Heidelberg 1910.

514. F. WOLFF, Corpus Evangelicorum und Corpus Catholicorum auf dem Westfälischen Friedenskongreß. Die Einfügung der konfessionellen Ständeverbindungen in die Reichsverfassung. Münster 1966.

515. W. ZIEGLER, Die Regensburger Reichstage der Frühen Neuzeit, in: Zwei Jahrtausende Regensburg. Hrsg. v. D. ALBRECHT. Regensburg 1979, 97–119.

5.2. Reichskreise

516. K. O. FREIHERR VON ARETIN (Hrsg.), Der Kurfürst von Mainz und die Kreisassoziationen 1648–1746. Zur verfassungsmäßigen Stellung der Reichskreise nach dem Westfälischen Frieden. Wiesbaden 1975.

517. K. O. VON ARETIN, Die Kreisassoziationen in der Politik der Mainzer Kurfürsten Johann Philipp und Lothar Franz von Schönborn 1648–1711, in: Nr. 516, 31–67.

518. K. S. BADER, Der Schwäbische Kreis in der Verfassung des Alten Reiches, in: Ulm und Oberschwaben 37 (1964), 9–24.

519. H.-J. BEHR, Die Exekution des Niederrheinisch-Westfälischen Kreises gegen Graf Johann von Rietberg, in: WestfZ 128 (1978), 33–104.

520. K. BLASCHKE, Der Obersächsische Kreis, in: Nr. 534, 127–144.

521. G. BORCK, Der Schwäbische Reichskreis im Zeitalter der französischen Revolutionskriege (1792–1800). Stuttgart 1970.

522. A. A. BRUSATTI, Die Entstehung der Reichskreise während der Regierungszeit Maximilians I. Diss. phil. Wien 1950 (Masch.).

523. R. CONRAD, Der Bayerische Reichskreis im 16. Jahrhundert. Die Entwicklung seiner Verfassung 1530–1580. Köln 1974.

524. W. DOTZAUER, Der Oberrheinische Kreis, in: Nr. 534, 97–125.

525. W. DOTZAUER, Der Kurrheinische Reichskreis in der Verfassung des Alten Reiches, in: Nass Ann 98 (1987), 61–104.

526. W. DOTZAUER, Die deutschen Reichskreise in der Verfassung des Alten Reiches und ihr Eigenleben (1500–1806). Darmstadt 1989.

527. R. ENDRES/B. EBNETH, Der Fränkische Reichskreis im 16. und 17. Jahrhundert, in: Nr. 534, 41–59.

528. K. HÄFNER, Geschichte des Niedersächsischen Kreises von der Augsburgischen Exekutionsordnung bis zum Abfall des Kaisers von der ‚gemäßigten Mittelpartei' 1555–1569. Stadtroda 1940.

529. N. HAMMERSTEIN, Johann Wilhelm Graf Wurmbrand und die Association der vorderen Reichs-Kreise im Jahre 1727, in: ZGO 119 (1971), 323–386.

530. N. HAMMERSTEIN, Zur Geschichte der Kreis-Assoziationen und der Assoziationsversuche zwischen 1714 und 1746, in: Nr. 516, 79–120.

531. P. C. HARTMANN, Zur Bedeutung der Reichskreise für Kaiser und Reich im 18. Jahrhundert, in: Landesgeschichte und Reichsgeschichte. Festschrift für Alois Gerlich zum 70. Geburtstag. Hrsg. v. W. DOTZAUER/W. KLEIBER/M. MATTHEUS/K.-H. SPIESS. Stuttgart 1995, 303–319.

532. P. C. HARTMANN, Bevölkerungszahlen und Konfessionsverhältnisse des Heiligen Römischen Reiches Deutscher Nation und der Reichskreise am Ende des 18. Jahrhunderts, in: ZHF 22 (1995), 345–369.

533. P. C. HARTMANN, Die Kreistage des Heiligen Römischen Reiches – eine Vorform des Parlamentarismus? Das Beispiel des bayerischen Reichskreises (1521–1793), in: ZHF 19 (1992), 29–47.

534. P. C. HARTMANN (Hrsg.), Regionen in der Frühen Neuzeit. Berlin 1994.

535. F. HARTUNG, Die Geschichte des Fränkischen Kreises von 1521–1559. Leipzig 1910.

536. H. H. HOFMANN, Reichsidee und Staatspolitik. Die Vorderen Reichskreise im 18. Jahrhundert, in: ZBLG 33 (1970), 969–985.

537. H. H. HOFMANN, Reichskreis und Kreisassoziation. Prolegomena zu einer Geschichte des fränkischen Kreises, zugleich als Beitrag zur Phänomenologie des deutschen Föderalismus, in: ZBLG 25 (1962), 377–413.

538. F. W. KAISER, Der niedersächsische Kreis nach dem Westfälischen Frieden (1651–1673). Diss. phil. Hamburg 1927.

539. E. LANGWERTH VON SIMMERN, Die Kreisverfassung Maximilians I. und der schwäbische Reichskreis in ihrer rechtsgeschichtlichen Entwicklung bis zum Jahre 1648. Heidelberg 1896.

540. A. LAUFS, Der Schwäbische Kreis. Studien über Einigungswesen und Reichsverfassung im deutschen Südwesten zu Beginn der Neuzeit. Aalen 1971.

541. G. LOCH, Der Kurrheinische Kreis von Ryswijk bis zum Frieden

von Rastatt und Baden (1697–1714). Diss. phil. Bonn 1951 (Masch.).

542. F. MAGEN, Die Reichskreise in der Epoche des Dreißigjährigen Krieges, in: ZHF 9 (1982), 409–460.

543. A. K. MALLY, Der Österreichische Kreis in der Exekutionsordnung des Römisch-Deutschen Reiches. Wien 1967.

544. T. MALZAN, Geschichte und Verfassung des oberrheinischen Kreises von den Anfängen bis zum Beginn des Dreißigjährigen Krieges. Diss. phil. Mainz 1951 (Masch.).

545. H. MOHNHAUPT, Die verfassungsrechtliche Einordnung der Reichskreise in die Reichsorganisation, in: Nr. 516, 1–29.

546. R. GRAF VON NEIPPERG, Kaiser und Schwäbischer Kreis (1714–1733). Ein Beitrag zu Reichsverfassung, Kreisgeschichte und kaiserlicher Reichspolitik am Anfang des 18. Jahrhunderts. Stuttgart 1991.

547. H. NEUHAUS, Die rheinischen Kurfürsten, der Kurrheinische Kreis und das Reich im 16. Jahrhundert, in: RhVjbll 48 (1984), 138–160.

548. H. NEUHAUS, Der Niederrheinisch-Westfälische Reichskreis – eine Region des Heiligen Römischen Reiches Deutscher Nation in der Frühen Neuzeit?, in: Nr. 534, 79–96.

549. A. NEUKIRCH, Der niedersächsische Kreis und die Kreisverfassung bis 1542. Leipzig 1909.

550. B. RODE, Das Kreisdirektorium im Westfälischen Kreise von 1522–1609. Münster 1916.

551. W. SCHMIDT, Geschichte des niedersächsischen Kreises vom Jahre 1673 bis zum Zusammenbruch der Kreisverfassung, in: Niedersächsisches Jahrbuch für Landesgeschichte 7 (1930), 1–134.

552. A. SCHNEIDER, Der Niederrheinisch-Westfälische Kreis im 16. Jahrhundert. Geschichte, Struktur und Funktion eines Verfassungsorgans des Alten Reiches. Düsseldorf 1985.

553. A. SCHRÖCKER, Kurmainz und die Kreisassoziation zur Zeit des Kurfürsten Lothar Franz von Schönborn, in: Nr. 516, 69–77.

554. E. SCHWEND, Entwicklungsgeschichte der bayrischen Kreisverfassung von 1531 bis 1542. Diss. phil. München 1919.

555. B. SICKEN, Der Fränkische Kreis im Zeitalter der Aufklärung – Institution des Reichs oder staatenbündischer Zusammenschluß?, in: Nr. 534, 61–77.

556. B. SICKEN, Der Fränkische Reichskreis. Seine Ämter und Einrichtungen im 18. Jahrhundert. Würzburg 1970.

557. B. SICKEN, Das Wehrwesen des Fränkischen Reichskreises. Aufbau und Struktur (1681–1714). 2 Bde. Würzburg 1967.

558. C.-P. STORM, Der Schwäbische Kreis als Feldherr. Untersuchungen zur Wehrverfassung des Schwäbischen Reichskreises in der Zeit von 1648 bis 1732. Berlin 1974.

559. G. A. SÜSS, Geschichte des oberrheinischen Kreises und der Kreisassoziationen in der Zeit des spanischen Erbfolgekrieges (1697–1714), in: ZGO 103 (1955), 317–424, 104 (1956), 145–224.

560. J. A. VANN, The Swabian Kreis. Institutional Growth in the Holy Roman Empire 1648–1715. Brüssel 1975.

561. R. WINES, Die Entwicklung des fränkischen Reichskreises im Spanischen Erbfolgekrieg, in: ZBLG 30 (1967), 337–354.

562. B. WUNDER, Frankreich, Württemberg und der Schwäbische Kreis während der Auseinandersetzungen über die Réunionen (1679–1697). Ein Beitrag zur Deutschlandpolitik Ludwigs XIV. Stuttgart 1971.

563. B. WUNDER, Der Kaiser, die Reichskreise und der Chausseebau im 18. Jahrhundert, in: ZNR 18 (1996), 1–22.

564. B. WUNDER, Der Schwäbische Kreis, in: Nr. 534, 23–39.

565. B. WUNDER, Die Kreisassoziationen 1672–1748, in: ZGO 128 (1980), 167–266.

5.3. Reichsjustiz, Reichsverwaltung, Reichsmilitär

566. H. ANGERMEIER, Die Reichskriegsverfassung in der Politik der Jahre 1679–1681, in: ZRG GA 82 (1965), 190–222.

567. K. O. VON ARETIN, Kaiser Joseph II. und die Reichskammergerichtsvisitation 1766–1776, in: ZNR 13 (1991), 129–144.

568. Biographisches Repertorium der Juristen im Alten Reich, 16.–18. Jahrhundert. Hrsg. v. F. RANIERI, (bisher) 5 Bde. Frankfurt a. M. 1989–1991.

569. E. BUSSI, Das Recht des Heiligen Römischen Reiches Deutscher Nation als Forschungsvorhaben der modernen Geschichtswissenschaft, in: Der Staat 16 (1977), 521–537.

570. B. DICK, Die Entwicklung des Kameralprozesses nach den Ordnungen von 1495 bis 1555. Köln/Wien 1981.

571. B. DIESTELKAMP (Hrsg.), Forschungen aus Akten des Reichskammergerichts. Köln/Wien 1984.

572. B. DIESTELKAMP (Hrsg.), Die politische Funktion des Reichskammergerichts. Köln/Weimar/Wien 1993.

573. B. DIESTELKAMP (Hrsg.), Das Reichskammergericht in der deut-

schen Geschichte. Stand der Forschung, Forschungsperspektiven. Köln/Wien 1990.

574. P. DIRR, Zur Geschichte der Reichskriegsverfassung und der Laxenburger Allianz. Diss. phil. Erlangen 1901.

575. H. DUCHHARDT, Die kurmainzischen Reichskammergerichtsassessoren, in: ZRG GA 94 (1977), 89–128.

576. U. EISENHARDT, Die kaiserlichen Privilegia de non appellando. Köln/Wien 1980.

577. V. ERNST, Die Entstehung der Exekutionsordnung von 1555, in: Württembergische Vierteljahreshefte für Landesgeschichte, Neue Folge 10 (1901), 1–110.

578. T. FELLNER/H. KRETSCHMAYR, Die Österreichische Zentralverwaltung, Abt. 1: Von Maximilian I. bis zur Vereinigung der österreichischen und böhmischen Hofkanzlei (1749). 3 Bde. Wien 1907.

579. R. FESTER, Die armirten Stände und die Reichskriegsverfassung (1681–1697). Frankfurt a. M. 1886.

580. H. GABEL, Beobachtungen zur territorialen Inanspruchnahme des Reichskammergerichts im Bereich des Niederrheinisch-Westfälischen Kreises, in: Nr. 573, 143–172.

581. L. GROSS, Die Geschichte der deutschen Reichshofkanzlei von 1559 bis 1806. Wien 1933.

582. O. VON GSCHLIESSER, Das Beamtentum der hohen Reichsbehörden (Reichshofkanzlei, Reichskammergericht, Reichshofrat, Hofkriegsrat), in: G. FRANZ (Hrsg.), Beamtentum und Pfarrerstand 1400–1800. Büdinger Vorträge 1967. Limburg/Lahn 1972, 1–26.

583. O. VON GSCHLIESSER, Der Reichshofrat. Bedeutung und Verfassung, Schicksal und Besetzung einer obersten Reichsbehörde von 1559–1806. Wien 1942.

584. H. HAAN, Kaiser Ferdinand II. und das Problem des Reichsabsolutismus. Die Prager Heeresreform von 1635, in: HZ 207 (1968), 297–345.

585. H. HANTSCH, Reichsvizekanzler Friedrich Karl von Schönborn. Einige Kapitel zur politischen Geschichte Kaiser Josephs I. und Karls VI. 2 Bde. Augsburg 1929.

586. G. HAUG-MORITZ, Die Behandlung des württembergischen Ständekonflikts unter Herzog Carl Eugen durch den Reichshofrat (1763/64–1768/70), in: Nr. 572, 105–133.

587. J. HAUSMANN, Die Kameralfreiheiten des Reichskammergerichtspersonals. Ein Beitrag zur Gesetzgebung und Rechtspraxis im Alten Reich. Köln/Wien 1989.

588. S. JAHNS, Die Assessoren des Reichskammergerichts in Wetzlar. Wetzlar 1986.

589. S. JAHNS, Der Aufstieg in die juristische Funktionselite des Alten Reiches, in: Ständische Gesellschaft und soziale Mobilität. Hrsg. v. W. SCHULZE. München 1988, 353–387.

590. S. JAHNS, Brandenburg-Preußen im System der Reichskammergerichts-Präsentationen 1648–1806, in: Nr. 192, 169–202.

591. S. JAHNS, Juristen im Alten Reich – Das richterliche Personal des Reichskammergerichts 1648–1806. Bericht über ein Forschungsvorhaben, in: Nr. 571, 1–40.

592. S. JAHNS, Die Personalverfassung des Reichskammergerichts unter Anpassungsdruck – Lösungen im Spannungsfeld zwischen Modernität und Überalterung, in: Nr. 573, 59–109.

593. A. KOHLER, Kriegsorganisation und Kriegführung in der Zeit Karls V., in: HJB 111 (1991), 433–451.

594. A. KOHLER, Die Sicherung des Landfriedens im Reich. Das Ringen um eine Exekutionsordnung des Landfriedens 1554/55, in: MÖStA 24 (1975), 140–168.

595. H. KRETSCHMAYR, Das deutsche Reichsvicekanzleramt, in: Archiv für Österreichische Geschichte 84 (1898), 381–501.

596. K. MENCKE, Die Visitationen am Reichskammergericht im 16. Jahrhundert. Zugleich ein Beitrag zur Entstehungsgeschichte des Rechtsmittels der Revision. Köln/Wien 1984.

597. K. MÜLLER, Zur Reichskriegserklärung im 17. und 18. Jahrhundert, in: ZRG GA 90 (1973), 246–259.

598. M. NEUGEBAUER-WÖLK, Reichsjustiz und Aufklärung. Das Reichskammergericht im Netzwerk der Illuminaten. Wetzlar 1993.

599. H. NEUHAUS, Franken in Diensten von Kaiser und Reich (1648–1806), in: JbFränkLF 53 (1993), 131–158.

600. H. NEUHAUS, Prinz Eugen als Reichsgeneral, in: Prinz Eugen von Savoyen und seine Zeit. Hrsg. v. J. KUNISCH. Freiburg i. Br./Würzburg 1986, 163–177.

601. H. NEUHAUS, Das Problem der militärischen Exekutive in der Spätphase des Alten Reiches, in: Nr. 159, 297–346.

602. H. NEUHAUS, Das Reich im Kampf gegen Friedrich den Großen, in: Europa im Zeitalter Friedrichs des Großen. Hrsg. v. B. R. KROENER. München 1989, 213–243.

603. V. PRESS, Das Reichskammergericht in der deutschen Geschichte. Wetzlar 1987.

604. H. RABE, Der Augsburger Religionsfriede und das Reichskam-

mergericht 1555–1600, in: Festgabe für E.W. Zeeden zum 60. Geburtstag. Hrsg. v. H. RABE (u. a.). Münster 1976, 260–280.

605. F. RANIERI, Recht und Gesellschaft im Zeitalter der Rezeption. Eine rechts- und sozialgeschichtliche Analyse der Tätigkeit des Reichskammergerichts im 16. Jahrhundert. 2 Bde. Köln/Wien 1985.

606. I. SCHEURMANN (Hrsg.), Frieden durch Recht. Das Reichskammergericht von 1495 bis 1806. Mainz 1994.

607. S. SCHLÖSSER, Der Mainzer Erzkanzler im Streit der Häuser Habsburg und Wittelsbach um das Kaisertum 1740–1745. Stuttgart 1986.

608. P. SCHULZ, Die politische Einflußnahme auf die Entstehung der Reichskammergerichtsordnung 1548. Köln/Wien 1980.

609. W. SCHULZE, Reichskammergericht und Reichsfinanzverfassung im 16. und 17. Jahrhundert. Wetzlar 1989.

610. W. SELLERT, Die Bedeutung der Reichskreise für die höchste Gerichtsbarkeit im alten Reich, in: Nr. 534, 145–178.

611. W. SELLERT, Die Ladung des Beklagten vor das Reichskammergericht. Eine Auswertung von Kammerbotenberichten, in: ZRG GA (1967), 202–235.

612. W. SELLERT, Das Verhältnis von Reichskammergerichts- und Reichshofratsordnungen am Beispiel der Regelungen über die Visitation, in: Nr. 573, 111–128.

613. W. SELLERT, Über die Zuständigkeitsabgrenzung von Reichshofrat und Reichskammergericht insbesondere in Strafsachen und Angelegenheiten der freiwilligen Gerichtsbarkeit. Aalen 1965.

614. R. SMEND, Das Reichskammergericht. Weimar 1911.

615. W. STEGLICH, Die Reichstürkenhilfe in der Zeit Karls V., in: MGM 11 (1972), 7–55.

616. W. TROSSBACH, Illuminaten am Reichskammergericht, in: Nr. 572, 135–156.

617. H. WEIGEL, Die Kriegsverfassung des alten Deutschen Reiches von der Wormser Matrikel bis zur Auflösung. Bamberg 1912.

618. J. WEITZEL, Der Kampf um die Appellation ans Reichskammergericht. Zur politischen Geschichte der Rechtsmittel in Deutschland. Köln/Wien 1976.

619. J. WEITZEL, Das Reichskammergericht und der Schutz von Freiheitsrechten seit der Mitte des 18. Jahrhunderts, in: Nr. 572, 157–180.

620. J. WEITZEL, Zur Zuständigkeit des Reichskammergerichts als Appellationsgericht, in: ZRG GA 90 (1973), 213–246.

Register

Das Register erfaßt Personennamen sowie geographische Begriffe und Sachbetreffe in substantivischer und adjektivischer Form. Autoren- und Herausgebernamen sind durch KAPITÄLCHEN gekennzeichnet. Folgende Abkürzungen werden verwendet: Bf. = Bischof, Ebf. = Erzbischof, Ehz. = Erzherzog Gf. = Graf, Hzg. = Herzog, Kf. = Kurfürst, Kg. = König, Ks. = Kaiser, Lgf. = Landgraf, Mkgf. = Markgraf, Pfgf. = Pfalzgraf, Röm. = Römisch, u. = und, v. = von.

Türken(gefahr, -krieg) 10, 15, 20, 37, 41, 45, 48, 71 f.

Umfrage 9
Ungarn 5
„Unio Electoralis novissima" (1558) 12, 24 f.
Union 30, 96
Universalmonarchie, Weltherrscher 7, 14
Unteilbarkeit 9, 23
Untertan 17, 51
Urkunde 12, 14, 88
Utrecht, Hochstift u. Bf. v. 27

Venedig 4
Verden, Hochstift u. Bf. v. 27
Verden, Reichsstadt 34
Verdun, Hochstift u. Bf. v. 4, 27 f.
Verdun, Reichsstadt 4, 34
Verpfändung 2, 16
Verrechtlichung 2, 51
Verwaltung(sdienst) 2, 33, 37, 41, 52, 73, 82, 91, 98 ff.
Virilstimme 31, 33, 69, 83
Visitation 48, 51, 98
Volljährigkeitserklärung 17
VOLTELINI, H. 90
„Vordere Reichskreise" 48
Votum 9, 41
„votum decisivum" 35, 84

Wahl 6 ff., 11 ff., 18, 23, 50, 88 ff.
Wahlbezirk 43 ff.
Wahlkapitulation 11 ff., 16 ff., 24, 39, 67, 87 f.
Wahlkapitulation, Beständige („Capitulatio Perpetua") 13 f.
Wahlmonarchie, -reich 8 ff., 11 f., 14, 86 ff.
Wahlort 7
Wahlrecht 10 ff., 26
Wahltag 7
Wahlverhandlung 14
Wähler 6 ff., 13 f., 23 f.
Waldeck 29, 32
Walkenried 31
Wallenstein, Albrecht v. 11, 24
Wallis (Sitten), Hochstift u. Bf. v. 27
WANDRUSZKA, A. 87
Warburg 34
Weimar 1
Weingarten, Abt. v. 31

Weißenburg 34
Weißenburg, Propst v. 27, 30
WEITZEL, J. 98 f.
Welfen 5, 23, 28
WENKEBACH, H. 75
Wenzel, Röm. Kg. 10
Werra 21
Wesel 34
Weser 28
Westerwald 37
Westfalen 32 ff., 38, 44, 82, 91
Westfälischer Frieden (1648) 4, 11, 13, 18, 22, 24, 26, 28, 33 ff., 38, 40, 42, 44, 47 f., 50, 52, 54, 58 f., 62, 69, 73 ff., 79, 82, 84, 86, 92, 94 f.
Wetterau(er Grafenverein) 33, 81
Wettiner, Haus Wettin 5, 23
Wetzlar 1, 49, 53 f.
Wied 23
Wiedertäufer 41, 68
Wien 15, 28, 45, 52 ff., 62, 75, 90
WILLOWEIT, D. 61
Windischgrätz 32
Windsheim 34
Wirtschaft 41, 61, 76, 79, 84 f., 91
Wittelsbacher, Haus Wittelsbach 12, 16, 23, 28, 54, 62, 87, 90
Wittelsbacher Hausunion (1724) 16, 22, 26
Wittenberger Kapitulation (1547) 23
Worms, Hochstift u. Bf. v. 28
Worms, Reichsstadt 34, 40, 49
Wormser Reichsmatrikel (1521) siehe: Reichsmatrikel
Würden 7, 15
Württemberg 22 f., 32, 45, 80, 99
Würzburg, Großherzogtum 22
Würzburg, Hochstift u. Bf. v. 28
WUNDER, B. 94 f.
Wurmbrand 32

Zar 15
ZEDLER, J. H. 54
Zeitschrift für Historische Forschung 60
Zell am Harmersbach 36
Zentralverwaltung, österreichische 100
Zeremoniell 15, 40
ZIEGLER, W. 60, 67, 86 f.
Zimmern 32
Zisterzienser 31
Zoll(recht) 19, 23, 41

Enzyklopädie deutscher Geschichte
Themen und Autoren

Mittelalter

Frühe Neuzeit

19. und 20. Jahrhundert

Die Angestellten im 19. und 20. Jahrhundert / Günter Schulz
Die Arbeiterschaft im 19. und 20. Jahrhundert / Gerhard Schildt
Die Juden in Deutschland 1780–1918 / Shulamit Volkov
Die Juden in Deutschland 1914–1945 / Moshe Zimmermann

Wirtschaft Vorgeschichte, Verlauf und Charakter der deutschen industriellen
Revolution / Hans-Werner Hahn
Die Entwicklung der Wirtschaft im 20. Jahrhundert /
Wilfried Feldenkirchen
Agrarwirtschaft und ländliche Gesellschaft
im 19. Jahrhundert / Stefan Brakensiek
Gewerbe und Industrie im 19. und 20. Jahrhundert / Toni Pierenkemper
Handel und Verkehr im 19. Jahrhundert / Karl Heinrich Kaufhold
Handel und Verkehr im 20. Jahrhundert / N.N.
Banken und Versicherungen im 19. und 20. Jahrhundert / Eckhard Wandel
Staat und Wirtschaft im 19. Jahrhundert (bis 1914) / Rudolf Boch
Staat und Wirtschaft im 20. Jahrhundert / Gerold Ambrosius

Kultur, Alltag, Kultur, Bildung und Wissenschaft im 19. Jahrhundert / Rüdiger vom Bruch
Mentalitäten Kultur, Bildung und Wissenschaft im 20. Jahrhundert / Frank-Lothar Kroll
Lebenswelt und Kultur des Bürgertums im 19. und 20. Jahrhundert /
Dieter Langewiesche
Lebenswelt und Kultur der unterbürgerlichen Schichten im
19. und 20. Jahrhundert / Wolfgang Kaschuba

Religion und Formen der Frömmigkeit in einer säkularisierten Gesellschaft /
Kirche Werner K. Blessing
Kirche, Politik und Gesellschaft im 19. und 20. Jahrhundert /
Gerhard Besier

Politik, Staat, Der Deutsche Bund und das politische System der Restauration 1815–1866 /
Verfassung Wolfram Siemann
Verfassungsstaat und Nationsbildung 1815–1871 / Elisabeth Fehrenbach
Die innere Entwicklung des Kaiserreichs / Hans-Peter Ullmann
Die innere Entwicklung der Weimarer Republik / Andreas Wirsching
Nationalsozialistische Herrschaft / Ulrich von Hehl
Die Bundesrepublik. Verfassung, Parlament und Parteien / Adolf M. Birke
Die Innenpolitik der Deutschen Demokratischen Republik /
Günther Heydemann

Staatensystem, Die deutsche Frage und das europäische Staatensystem 1815–1871 /
internationale Anselm Doering-Manteuffel
Beziehungen Deutsche Außenpolitik 1871–1918 / Klaus Hildebrand
Die Außenpolitik der Weimarer Republik / Gottfried Niedhart
Die Außenpolitik des Dritten Reiches / Marie-Luise Recker
Die Außenpolitik der Bundesrepublik Deutschland / Christian Hacke
Die Außenpolitik der Deutschen Demokratischen Republik /
Hermann Wentker

(Stand: Januar 1997)